Oración diaria para todos los tiempos

Church Publishing
NEW YORK

© 2014 por the Office of the General Convention
of The Episcopal Church

Todos los derechos reservados.

ISBN-13: 978-0-89869-925-8 (kivar)
ISBN-13: 978-0-89869-928-9 (ebook)
ISBN-13: 978-0-89869-932-6 (pbk.)

Church Publishing, Incorporated
19 East 34th Street
New York, New York 10016

www.churchpublishing.org

Contents

Introducción

Adviento
- 2 Alabanza
- 3 Discernimiento
- 6 Sabiduría
- 9 Perseverancia y Renovación
- 12 Amor
- 14 Perdón
- 17 Confianza
- 19 Vigilia

Navidad
- 21 Alabanza
- 22 Discernimiento
- 25 Sabiduría
- 28 Perseverancia y Renovación
- 31 Amor
- 34 Perdón
- 37 Confianza
- 40 Vigilia

Epifanía
- 42 Alabanza
- 43 Discernimiento
- 46 Sabiduría
- 48 Perseverancia y Renovación
- 51 Amor
- 53 Perdón
- 56 Confianza
- 59 Vigilia

Cuaresma
- 62 Alabanza
- 63 Discernimiento
- 66 Sabiduría
- 69 Perseverancia y Renovación
- 72 Amor
- 74 Perdón
- 77 Confianza
- 80 Vigilia

Semana Santa
- 82 Alabanza
- 83 Discernimiento
- 87 Sabiduría
- 89 Perseverancia y Renovación
- 92 Amor
- 95 Perdón
- 98 Confianza
- 100 Vigilia

Pascua
- 102 Alabanza
- 103 Discernimiento
- 106 Sabiduría
- 108 Perseverancia y Renovación
- 110 Amor
- 113 Perdón
- 116 Confianza
- 118 Vigilia

Tiempo Ordinario: Creación
  120 Alabanza
  121 Discernimiento
  124 Sabiduría
  126 Perseverancia y Renovación
  129 Amor
  131 Perdón
  134 Confianza
  136 Vigilia

Tiempo Ordinario: Descanso
  138 Alabanza
  139 Discernimiento
  142 Sabiduría
  145 Perseverancia y Renovación
  147 Amor
  149 Perdón
  152 Confianza
  155 Vigilia

Apéndice
  156 The Lord's Prayer

Notas
  158

Introducción

"Oremos".

Estas palabras pueden ser tan bellas y dar tanto consuelo. Pero también hay momentos en que nos recuerdan que no tenemos tiempo para orar — o por lo menos, que no hallamos el tiempo para orar como realmente anhelamos. Deseamos orar sin cesar, pero también queremos componer el motor del auto, entrenar el perro, y hacer un millar de cosas antes de que termine el día. Sin embargo, el llamado a la oración es profundo, y el llamado a orar durante las horas del día ha persistido a través de los siglos como una manera de profundizar nuestra fe.

Oración diaria para todos los tiempos nos ofrece una manera santa, pero realista, para ordenar nuestros días, no importa cuan llenos parezcan estar.

Oración diaria para todos los tiempos fue compilado y escrito por un equipo diverso de personas de todas partes de los Estados Unidos. Durante un período de cuatro años, nos reunimos regularmente para crear un conjunto de oraciones que reconocieran, con su brevedad, tanto la necesidad de orar como el poco tiempo disponible para la oración. El equipo que ha compilado *Oración diaria para todos los tiempos* consiste en personas como tú: tenemos empleos y familias, hay que hacer el mandado y el quehacer de la casa; hay que tomar el tren, ir al doctor, terminar el reporte y podar el pasto del jardín. Nuestro equipo hizo su trabajo reconociendo siempre que todos estos compromisos de la vida diaria, compromisos que requieren nuestro tiempo y energía, son parte de nuestra realidad. Así, de entre la gran abundancia de material disponible para la meditación y el canto, buscamos el de mayor riqueza, para crear un libro de oración para todos los que, ya seamos clérigos o laicos, sentimos que "no tenemos tiempo" para orar.

Fondo y antecedentes de *Oración diaria*

Casi desde que los seres humanos empezamos a usar las horas para demarcar el transcurso del día, todo tipo de tradiciones religiosas, incluyendo el judaísmo y el cristianismo, han marcado el paso del tiempo con la oración. "Rezar las horas", come se dice, nos recuerda que Dios anda con nosotros a través del día. "Rezar las horas" es también una forma de crear unidad en la comunidad de fe, ya sea estando todos reunidos, o aun desparramados por todos lados como las gotas de un aguacero. El rezar en un horario señalado nos entrelaza con Dios y con su pueblo. Esto, lo sabemos con certeza, y este saber es fuente de seguridad y consuelo.

En la iglesia Episcopal, nuestro *Libro de Oración Común* contiene una sección llamada "El Oficio Diario" (pp. 36 – 112) que ofrece liturgias y ritos muy bellos para usarse en la mañana, al atardecer y al terminar el día. *Oración diaria para todos los tiempos* ofrece una variación sobre el mismo tema, versiones más breves en las cuales un oficio completo se encuentra en sólo una o dos páginas, sin tener que estar usando una variedad de himnarios y libros de oración al mismo tiempo. *Oración diaria para todos los tiempos* puede usarse por igual por una persona orando sola, un grupo pequeño o toda una congregación. Este libro de oración presenta una diversidad de imágenes de Dios al incluir lenguaje tanto inclusivo como expansivo para hablar de Dios. A la vez, presenta una variedad de formas y estilos para hablar de Dios, incluyendo poesía, meditación y oraciones provenientes de una gama diversa de comunidades de fe.

Como utilizar estos recursos

La iglesia divide su calendario en períodos llamados "estaciones litúrgicas" o "tiempos" que van siguiendo la vida de Jesús, su nacimiento, muerte y resurrección, y la venida del Espíritu Santo para formar la Iglesia. Estas estaciones litúrgicas son el Adviento, Navidad, Epifanía, Cuaresma, Semana Santa (la última semana del tiempo de Cuaresma) y la Pascua, seguido por lo que la iglesia llama el Tiempo Ordinario; y porque el Tiempo Ordinario es el más largo, hemos desarrollado dos grupos diferentes de oficios para uso durante este tiempo: Creación (formación espiritual) y Reposo. Estas ocho agrupaciones de oraciones para los tiempos del año proveen la estructura externa de *Oración diaria para todos los tiempos*.

En cuanto a la estructura interna, la agrupación de oraciones para cada temporada se acomoda en ocho "horas", siguiendo la práctica de los monásticos benedictinos que dividen el día en un ciclo de ocho intervalos de tiempo, llamados "horas", que efectúan una cadencia entre el trabajo (*labora*) y la oración (*ora*). Para complementar y actualizar esta estructura, el grupo de trabajo asignó una labor específica para cada "hora": el amanecer es tiempo de alabanza; el comienzo del día es tiempo de discernimiento; media mañana es tiempo de sabiduría; mediodía es tiempo de perseverancia y renovación; la tarde es tiempo para amar; el atardecer es tiempo para el perdón; la primera hora de la noche es tiempo para confiar y poner la fe; y la medianoche es tiempo para observar o estar en vela. Cada hora tiene también una apelación que viene de la historia monástica cristiana, y que se ha puesto en itálica después de su nombre, por ejemplo, Alabanza (*Laudes*).

Esta estructura no tiene que seguirse al pie de la letra. Tal vez, para ti, el día comienza al "alborar" el mediodía, o el "anochecer" viene al terminar el turno de trabajo de toda la noche; o tal vez el fin de las horas hábiles usuales es sólo una transición a tiempo para citas de otra parte de tu vida. No hay problema alguno en ajustar estas oraciones para adaptarse al día como tú realmente lo vives, aunque parezca "desordenado" de lo usual.

Las oraciones, lecturas, meditaciones, e himnos pueden ser adaptados para la ocasión. Las preguntas provistas para las meditaciones son solo sugerencias, estas pueden ser adaptadas, u otras preguntas pueden ser utilizadas, o puede mantenerse un periodo de silencio.

Formato de las horas

FORMA BÁSICA (Alabanza, Vigilia): *Escritas en la primera persona y por lo general anticipando sean para uso privado.*

Entrada y Salida (o Cierre): la misma llamada-y-respuesta de manera breve y sencilla, haciendo hincapié en la labor espiritual de la hora.

Lectura: un pasaje de la Biblia breve y fácil de memorizar que tenga relación tanto a la hora como al tiempo litúrgico.

Meditación: una pregunta o invitación para reflección espiritual

Oración: una colecta final que tenga relación a la hora y al tiempo litúrgico.

HORAS MÁS BREVES DURANTE EL DÍA (Sabiduría, Perseverancia y Renovación, Amor, Confianza): *Se anticipa se recen en comunidad, pero pueden adaptarse para uso individual.* Estas añaden lo siguiente a la forma básica:

Entrada y Salida: se agrega una colecta de entrada que tenga relación a la hora y al tiempo litúrgico.

Alabanza: un himno, canto o cántico

Meditación: se cita un pasaje que sirva de inspiración antes de la invitación a la reflección

Oraciones: oraciones del pueblo en forma responsoria invitando las peticiones y oraciones de gracias de todos los que participan

El Padre Nuestro: El texto de la oración del Padre Nuestro no se incluye, sino que se anticipa que la persona que dirija el oficio especifique qué forma del Padre Nuestro se usará (si es en inglés), o que cada persona reze el Padre Nuestro en la forma (o idioma) de su propio corazón (en la edición en inglés, diferentes formas del Padre Nuestro se incluyen en el apéndice).

HORAS MÁS LARGAS (Discernimiento, Perdón): *Se anticipa se recen en comunidad, pero pueden adaptarse para uso individual.* Se añade lo siguiente a la forma básica:

Discernimiento: afirmación

Perdón: confesión y declaración del perdón (esto permite que cualquier persona pueda dirigir las oraciones del oficio, sea laico o clérigo, mientras que una absolución del pecado requeriría que la persona que dirigija sea sacerdote).

El equipo de trabajo que comenzó este proyecto en 2007 lo hizo en un espíritu de oración y con la esperanza de que cualquier persona deseando rezar en la tradición cristiana, sin importar sus años de experiencia, se halle enriquecida al utilizar *Oración diaria para todos los tiempos*.

Devon Anderson, Mark Bozutti-Jones, Rebecca Clark, Joseph Farnes, Paul Fromberg, Paul Joo, Lizette Larson-Miller, Julia McCray-Goldsmith, Sam Dessórdi Leite, Ernesto Medina, Clay Morris, Elizabeth Muñoz, Ruth Meyers, Dan Prechtel, Cristina Rose Smith, Carol Wade, Julia Wakelee-Lynch, Louis Weil.

> Con gratitud,
> La Revda. Julia Wakelee-Lynch
> Marzo 2011
> Berkeley, California

Adviento

En el calendario cristiano el año nuevo no empieza el primero de enero, sino el primer domingo de Adviento, siempre siendo éste cuatro domingos antes que el día de Navidad (25 de diciembre) y el domingo más próximo al Día de San Andrés (30 de noviembre). La palabra "Adviento" deriva del latín *Adventus*, que significa "venida", y que originalmente refería simplemente a la venida del día de Navidad. Con el correr del tiempo la temporada de Adviento tomó un doble significado. Hoy día, se refiere tanto a la "primera venida" de Jesús en su nacimiento, que se festeja el día de Navidad, como a su "segunda venida" que se realizará al fin de los tiempos.

Es importante recordar que el Adviento no sólo señala un evento ocurrido en el pasado, el nacimiento de Jesús, sino que también es un tiempo para mirar hacia el presente y el futuro. ¿Cuándo vendrá Jesús de nuevo? ¿Cuándo veremos el reino de Dios "en la tierra como en el cielo"? Está por claro que nadie sabe. Por lo tanto, las preguntas más importantes son estas: ¿Qué podemos hacer nosotros, la Iglesia, el Cuerpo de Cristo aquí en la tierra, para recibir en el presente la paz y la justicia del Reino de Dios? ¿Qué podemos hacer como individuos para reordenar nuestras vidas a la luz del amor de Dios? ¿Qué significaría vivir como un pueblo que realmente cree en Jesús como el Salvador de todo el mundo y que espera su regreso en la plenitud de los tiempos? Cada Adviento nos invita a profundizar en estas preguntas una vez más.[1]

Alabanza

Laudes (Tradicionalmente se observa al despertar o al amanecer)

Laudate, omnes gentes, laudate Dominum!
[¡Canten alabanzas, todas las gentes, canten alabanzas al Señor!]
Recibimos el nuevo día con alabanzas al Creador
(en la antigüedad, el significado del nombre de esta hora, Laudes, era "alabanza").

Entrada Alaba al Señor, alma mía.
Alaba el santo nombre del Señor.

Lectura Entonces mostrará el Señor su gloria, y todos los hombres juntos la verán.   Isaías 40:5 (*Dios Habla Hoy*)

Meditación *¿Cómo buscaré hoy la gloria de Dios? ¿Cómo ayudaré a los demás para que también la puedan ver?*

Oración Ven, Emanuel, ven a vivir conmigo.
Esperanza del mundo y palabra de vida.
Ven, Emanuel, ven a vivir conmigo.

Salida Alaba al Señor, alma mía.
Alaba el santo nombre del Señor.

Discernimiento

Primera (Tradicionalmente se observa al comienzo del día)

Al empezar el día, nos enfocamos en el llamado de una vida fiel, pues, ¿quién sabe lo que traerá este día?

Entrada Entonces mostrará el Señor su gloria,
y todos los hombres juntos la verán.
Isaías 40:5 (*Dios Habla Hoy*)

Oración O Santo Dios, gracias por venir a nosotros nuevamente.Prepara nuestros corazones y suscita nuevamente nuestro amor por ti mientras discernimos tu llamado en nosotros. **Amén.**

Alabanza *Preparen el Camino*
(Si se desea, puede cantarse usando la melodía de "Prepare the Way, O Zion", *The Hymnal* (1982), #65)

¡Preparen el camino, que Cristo cerca está!
Que cada monte y valle, derecho quedará.
Recíbelo en su gloria, que lleva santa historia.

Estribillo
Bendito Cristo ven, en Nombre del Señor.
Letra (en inglés): Frans Mikael Franzen (1772-1847);
lr. adapt. por Charles P. Price (1920-1999)
trad. al español: Patricia Millard

Lectura Una voz grita: "Preparen al Señor un camino en el desierto, tracen para nuestro Dios una calzada recta en la región estéril. Rellenen todas las cañadas, allanen los cerros y las colinas, conviertan la región quebrada y montañosa en llanura completamente lisa. Entonces mostrará el Señor su gloria, y todos los hombres juntos la verán. El Señor mismo lo ha dicho".
Isaías 40:3-5 (*Dios Habla Hoy*)

Meditación "La entrada al Adviento es un encuentro con fe que permite abandonar el miedo". Sam Portaro[2]

¿Qué miedos debemos dejar atrás para preparar camino para nosotros y para los demás?

Afirmación

Creemos en Dios, Creador de todas las criaturas:
 Las que caminan sobre la tierra
 las que vuelan en el cielo
 y las que viven en las aguas del mar.
Creemos en Dios, que anda con nosotros:
 En Jesús hermano, nacido en humildad,
 que vivió y murió por nosotros
 y que vendrá de nuevo en gloria.
Creemos en Dios, Espíritu que nos acompaña:
 Siempre cerca, nos guía y sostiene
 y nos muestra el camino a seguir en nuestras vidas.
 La voz de Dios nos llega en labios del profeta.
Creador, que andas con nosotros, Espíritu que acompañas, Santo Dios:
 Nos das tu Nombre en las aguas del Bautismo,
 una sola familia, todos somos tuyos.
 Esperamos tu venida, y hoy te damos gracias
 por este círculo sagrado, fuente de vida eterna.
 Amén.

Oraciones   En el alba obscura, serena y fresca, pedimos,
          oh Cristo:
      estar presentes contigo.
      Aun sin saber tus obras, pedimos, oh Cristo:
      estar presentes contigo.
      Y con el nuevo sol, nueva fe, pedimos, oh Cristo:
      estar presentes contigo.

      El pueblo puede añadir sus propias peticiones y acciones de gracias.

      Tú eres nuestro Pastor, y no nos falta nada.
      Con toda la creación en alegría te damos gracias. Amén.

El Padre Nuestro

Oración   Dios de esperanza, nos llamas del exilio de nuestro pecado con las Buenas Nuevas de restauración, edificas camino en el desierto, y vienes a nosotros para guiarnos a nuestra morada: Consuélanos con la expectativa de tu poder salvifico, dado a conocer en Jesucristo nuestro Señor. **Amén.**[3]

Salida   Entonces mostrará el Señor su gloria,
      y todos los hombres juntos la verán.

      Isaías 40:5 *(Dios Habla Hoy)*

Sabiduría

Tercia   (Tradicionalmente se observa a media mañana)

Habiendo pedido dirección y guía, rezamos para estar bien equipados en el resto del camino del día.

Entrada   Todo lo que debemos ha sido redimido
en el amor de Dios.

Oración   Sabio Dios, tu amor nos sostiene en alegría. En humildad, nos muestras tu sabiduría.En esta hora, rodéanos con el conocimiento que nace del amor. Despierta en nosotros el deseo del buen saber, de ser justos y generosos y de vivir con gracia. **Amén.**

Alabanza   *Un Canto de la Verdadera Maternidad*

    Dios eligió ser nuestra madre en todas las cosas *
      y por eso hizo el fundamento de su obra,
        con toda humildad y pureza, en el vientre
          de la Virgen.
    Dios, la sabiduría perfecta del todo, *
      se colocó a sí mismo en este humilde lugar.
    Jesucristo vino en nuestra pobre carne *
      para compartir el cuidado de una madre.
    De nuestras madres nacemos para sufrimiento
        y para muerte; *
      en Jesús, verdadera madre, nacemos al gozo
        y a la vida eterna.
    En su amor y sufrimiento, Jesús nos llevó consigo, *
      hasta llegar a su pasión, en la plenitud de
        su tiempo.
    Terminando su obra nos llevó consigo para el gozo, *
      y aún esto no basta para satisfacer el poder de
        su amor maravilloso.
    Amar a Dios con verdad redime todas nuestras deudas *
      pues el amor de Cristo labora en nosotros;
        Y es Cristo mismo quien amamos.

                      Julian of Norwich[4]

Lectura De ese tronco que es Jesé, sale un retoño; un retoño brota de sus raíces. El espíritu del Señor estará continuamente sobre él, y le dará sabiduría, inteligencia, prudencia, fuerza, conocimiento y temor del Señor. Él no juzgará por la sola apariencia, ni dará su sentencia fundándose en rumores. Juzgará con justicia a los débiles y defenderá los derechos de los pobres del país. Sus palabras serán como una vara para castigar al violento, y con el soplo de su boca hará morir al malvado. Isaías 11:1-4 (*Dios Habla Hoy*)

Meditación "El desierto no cambia, el cielo siempre es bello, el camino siempre solitario... Lo único que siempre es nuevo es Dios". Carlo Carretto[5]

¿Cómo pedir que se nos den ojos nuevos para mirar a Dios y reconocer las necesidades de su creación?

Oraciones Santo Dios, al prepararnos para el adviento de Cristo
danos tu espíritu de sabiduría.
Al buscar encarnar tu amor en el mundo,
danos tu espíritu de buen consejo.
Al buscar ser fieles,
danos ojos que puedan ver con claridad.
Al reunirnos en esta hora, alzamos frente a ti
las necesidades del mundo.

El pueblo puede añadir sus propias peticiones y acciones de gracias.

Haznos instrumentos de tu paz sobre la tierra
al recibir nosotros los dones de tu Espíritu.

El Padre Nuestro

Oración   Dios, cuyo santo nombre desafía nuestra definición pero cuya voluntad se revela en la liberación de los oprimidos: Haznos uno con todos los que claman por justicia, para que todos los que proclamamos tu alabanza luchemos por la verdad; por Jesucristo nuestro Señor. **Amén.**[6]

Salida   Todo lo que debemos ha sido redimido
en el amor de Dios.

Perseverancia y Renovación

Sexta (Por tradición: la hora del mediodía)

Al hacer una pausa para dar alimento a nuestros cuerpos al mediodía, alimentamos también nuestras almas para vivir con fe.

Entrada   No tengan miedo.
Dios siempre está con nosotros.

Oración   Pastor de Israel, concede que Jesús, Emanuel e hijo de María, sea más que sólo un sueño en nuestro corazón. Con los apóstoles, profetas y santos, restáuranos y guíanos al camino de gracia y de paz, que que nosotros llevemos al mundo lo que tú nos has prometido. **Amén.**[7]

Alabanza   *El Cántico de María*
(*Magníficat*; Lucas 1:46-55, *Dios Habla Hoy*)

    Mi alma alaba la grandeza del Señor;
        mi espíritu se alegra en Dios mi Salvador.
    Porque Dios ha puesto sus ojos en mí,
        su humilde esclava,
        y desde ahora siempre me llamarán dichosa;
        porque el Todopoderoso ha hecho en mí
          grandes cosas.
        ¡Santo es su nombre!
    Dios tiene siempre misericordia
        de quienes lo reverencian.
    Actuó con todo su poder:
        deshizo los planes de los orgullosos,
    derribó a los reyes de sus tronos
        y puso en alto a los humildes.
    Llenó de bienes a los hambrientos
        y despidió a los ricos con las manos vacías.
    Ayudó al pueblo de Israel, su siervo,
        y no se olvidó de tratarlo con misericordia.
    Así lo había prometido a nuestros antepasados,
        a Abraham y a sus futuros descendientes."

Lectura   Cuando una mujer va a dar a luz, se aflige porque le ha llegado la hora; pero después que nace la criatura, se olvida del dolor a causa de la alegría de que haya nacido un hombre en el mundo. Así también, ustedes se afligen ahora; pero yo volveré a verlos, y entonces su corazón se llenará de alegría, una alegría que nadie les podrá quitar.

Juan 16:21-22 (*Dios Habla Hoy*)

Meditación Hazte esta pregunta: ¿Satisfará a la mujer que está satisfecha en cargar a una criatura? ¿Molestará el sueño de la mujer próxima a dar a luz?

Wendell Berry[8]

Al buscar nuestra propia renovación, miramos a los demás a través del lente de la compasión; ¿cómo se verán afectarás nuestras decisiones por esta manera de ver?

Oraciones   Rezamos por nuestros más profundos y sagrados anhelos:
Renuévanos, O Dios.
Por todos los que buscan, los hambrientos, y los que sufren sed:
Renuévanos como pueblo unido en compasión y en servir a los demás.
Por esta tierra, este planeta que es nuestro hogar:
Renueva nuestra voluntad para que podamos sanar la creación.
Por esta y todas las naciones:
Renueva en todos los pueblos la voluntad para el bien y el anhelo por la paz
Por todos aquellos que están en nuestros corazones:

El pueblo puede añadir sus propias peticiones y acciones de gracias.

Bendice con tu bondad todas nuestras peticiones y toda tu creación,
y renueva nuestra confianza en ti. Amén.

El Padre Nuestro

Oración Dios de Isabel y de María, tú visitaste tus siervas con la noticia de la redención del mundo en la venida del Salvador: Haz que nuestros corazones salten de alegría, y llena nuestros labios con cantos de alabanza, para que anunciemos la buena nueva de paz, y recibamos a Jesús entre nosotros. **Amén.**[9]

Salida No tengan miedo
Dios siempre está con nosotros

Amor

Nona (Tradicionalmente se observa a media-tarde)

Al pasar las horas, nos llenan los encuentros del día; ahora, más que nunca, aceptamos la profundidad y amplitud de la gracia de Dios.

Entrada El el principio, Dios creó, y la creación fue buena.
En el principio estaba el Verbo.

Oración Creador del mundo, tú eres el alfarero, nosotros el barro, y tú nos formas a tu propia imagen: Forma nuestro espíritu con el poder de Jesús, para que unidos en un solo pueblo vivamos tu compasión y justicia, plenos y sanos en el reino de tu paz. **Amén.**[10]

Alabanza *Ven Jesús, nuestra esperanza* [11]
(Si se desea, puede cantarse usando la melodía en *El Himnario*, #60)

    Ven Jesús, nuestra esperanza, ven y libra nuestro ser.
    Niño, nace entre nosotros; ven y danos tu poder.
    Ven, liberta prisioneros de injusticia y aflicción.
    Ven, reúne nuestros pueblos en amor y en
      comprensión.

    Ven y teje un mundo nuevo caminando en la
      verdad,
    para que por fin el pueblo viva en plena libertad.
    Ven Jesús, abre el futuro de tu reino de alegría.
    Ven, derrumba este muro que separa noche y día.

Lectura   "Aunque las montañas cambien de lugar y los cerros se vengan abajo, mi amor por ti no cambiará ni se vendrá abajo mi alianza de paz." Lo dice el Señor, que se compadece de ti.
Isaías 54:10 (Dios Habla Hoy)

Meditación Dios te salve, María, llena eres de gracia.
El Señor es contigo.
Bendita eres entre las mujeres,
Y bendito es el fruto de tu vientre, Jesús.

¿Cómo hemos recibido hoy el amor, y cómo llevaremos su fruto a los demás?

Oraciones Dios compasivo,
Enséñanos a encarnar tu amor.
Dios fiel,
Ayúdanos a ser constantes en servir.
Dios de la creación,
Dános compasión para con todas tus criaturas.
Dios bendito, escucha nuestra oración.

El pueblo puede añadir sus propias peticiones y acciones de gracias.

Dios de amor,
Que nuestros corazones se acerquen a ti.

El Padre Nuestro

Oración   Dios de la comunidad, cuyo llamado es más insistente que los lazos de la sangre: Concede que respetemos y amemos tanto a aquellos cuyas vidas se entrelazan con las nuestras, que no fallemos en lealtad hacia ti, y que hagamos decisions según tu voluntad. **Amén.** [12]

Salida   El el principio, Dios creó, y la creación fue buena.
En el principio estaba el Verbo.

Perdón

Vísperas   (Tradicionalmente se observa al terminar el día, antes del anochecer)

Al terminar el día, recibimos el anochecer al prender luces que alumbrarán nuestro espacio, y pedimos de nuevo el acompañamiento de Dios.

Entrada   Todos los que tengan sed
vengan a las aguas.

Oración   Santo Dios, al esperar nosotros tu venida, tú nos invitas a la luz de tu presencia: Ilumina los rincones obscuros de nuestros corazones. Tenemos sed de tu compasión. Acércate a nosotros y llénanos con tu ser, para que seamos fuentes de tu bondad para todos los que tienen hambre de ti. **Amén.**

Alabanza   *Un canto del espíritu*
(Apocalipsis 22:12-14, 16-17   *Dios Habla Hoy*)

Sí, vengo pronto, [dice el Señor,] *
y traigo el premio que voy a dar a cada uno
conforme a lo que haya hecho.
Yo soy el alfa y la omega, el primero y el último, *
el principio y el fin.
Dichosos los que lavan sus ropas para tener derecho al árbol de la vida *
y poder entrar por las puertas de la ciudad.
Yo, Jesús, he enviado mi ángel *
para declarar todo esto a las iglesias.
Yo soy el retoño que desciende de David. *
Soy la estrella brillante de la mañana."
El Espíritu Santo y la esposa del Cordero dicen:
"¡Ven!" *
Y el que escuche, diga: "¡Ven!"
Y el que tenga sed, y quiera, *
venga y tome del agua de la vida sin que le cueste nada.

Lectura Todos los que tengan sed, vengan a beber agua; los que no tengan dinero, vengan, consigan trigo de balde y coman; consigan vino y leche sin pagar nada. ¿Por qué dar dinero a cambio de lo que no es pan? ¿Por qué dar su salario por algo que no deja satisfecho? Óiganme bien y comerán buenos alimentos. Busquen al Señor mientras puedan encontrarlo, llámenlo mientras está cerca.

Isaías 55:1-2a, 6 (Dios Habla Hoy)

Meditación "Redención es la jornada para enlazar de nuevo con la luz interior que es Dios. Es una jornada que nos regresa al hogar llevándonos por lo que parece ser una tierra extraña … Redención no es el traer luz a una creación que estaba esencialmente obscura, sino que es la liberación de la luz que ya existe en el corazón de la vida".

J. Philip Newell [13]

¿En dónde estamos ahora sedientos por la luz de la redención? ¿Cómo ofreceremos esta luz a otros que también tienen sed?

Confesión Más santo Dios,
En el medio de este tiempo de nueva vida,
   te confesamos:
  Que hemos resistido la luz de tu amor;
  que no hemos compartido plenamente los dones
    que tú nos has confiado; y
  que no hemos valorado los dones de quienes
    nos rodean.
Santo Padre, conságranos.
Santo Jesús, conságranos.
Santo Espíritu, conságranos.
Santo Dios, llévanos a la plenitud de vida. Amén.[14]

Declaración del Perdón
> Dios nos perdona y nos ama, y nos invita a seguir caminando con él en la jornada.
> Al igual que una mujer es liberada del dolor del parto en el gozo de arrullar a su criatura,
> **igual así, somos liberados a la gracia de Dios.**

Oraciones Santo Dios, sanador del mundo,
Derrama tu luz sobre la tierra.
Santo Dios, sanador de toda herida,
Fortalécenos para compartir tu luz con los demás.
Santo Dios, sanador del mundo, te ofrecemos nuestra oración:

El pueblo puede añadir sus propias peticiones y acciones de gracias.

Llévanos a la plenitud de vida,
Y haznos brillar con la luz de tu amor sanador.

El Padre Nuestro

Oración Dios cuya misericordia es la llama que sana y purifica: Permítenos reconocer que nos juzgas con ternura, y concede que tu compasión nos fortalezca para llevar tu consuelo a un mundo que te necesita; por Cristo nuestro Señor. **Amén.** [15]

Salida Todos los que tengan sed
vengan a las aguas.

Confianza

Completas (Tradicionalmente se observa justo antes de la hora de acostarse)

Resumimos el día con oraciones antes de acostarnos para examinar nuestra consciencia y ofrecer nuestras acciones frente a Dios.

Entrada Fortalézcanse los que esperan en el Señor,
y tome su corazón aliento.
Salmo 31:24 (*Libro de Oración Común*)

Oración Santo Dios, cuya venida esperamos, levantamos nuestros corazones ante ti. Recuérdanos de tu fidelidad para que confiemos aún más en tu gracia. Ahora descansamos de las labores del día, para que podamos levantarnos renovados para amarte y servirte. **Amén.**

Alabanza *El cántico de Anna* (1 Samuel 2: 1a, 2, 8, *Dios Habla Hoy*)

Señor, yo me alegro en ti de corazón *
  porque tú me das nuevas fuerzas.
¡Nadie es santo como tú, Señor! *
  ¡Nadie protege como tú, Dios nuestro!
  ¡Nadie hay fuera de ti!
Dios levanta del suelo al pobre *
  y saca del basurero al mendigo,
para sentarlo entre grandes hombres *
  y hacerle ocupar un lugar de honor;
porque el Señor es el dueño de las bases de la tierra, *
  y sobre ellas colocó el mundo.

Lectura El espíritu del Señor está sobre mí, porque el Señor me ha consagrado; me ha enviado a dar buenas noticias a los pobres, a aliviar a los afligidos, a anunciar libertad a los presos, libertad a los que están en la cárcel; a anunciar el año favorable del Señor.
Isaías 61:1-2a (*Dios Habla Hoy*)

Meditación *Una reflección sobre cómo hallar el camino y qué hacer en la obscuridad*

> Ve despacio
> Permítelo
> Sin regodearte
> Reconoce que es un espacio de germinación
> Y crecimiento
> No olvides la luz
> Toma una mano estrecha si la encuentras
> Usa todos los sentidos
> Haz camino en el caminar
> Practica tener confianza
> Espera el amanecer
>
> Marilyn Chandler McEntyre[16]

¿Cómo caminaremos la obscuridad del Adviento?

Oraciones Dios de gracia y esperanza:
Ayúdanos a dejar atrás el temor para volver a confiar.
Tu gracia nos llena y nos rodea:
Recuérdanos que tú provees todo lo que necesitamos.
Tu amor sanador es ofrecido a todos:

El pueblo puede añadir sus propias peticiones y acciones de gracias.

Que encontremos la plenitud en la paz de la espera **y se llene de gozo nuestra alabanza. Amén.**

El Padre Nuestro

Oración Dios de paz y misericordia, tu palabra, en boca de los profetas, restaura la vida y esperanza de tu pueblo: Llena nuestros corazones con la salvación de tu gracia, para que nos aferremos a tu gran bondad y proclamemos tu justicia en el mundo entero. **Amén.**[17]

Cierre Fortalézcanse los que esperan en el Señor,
y tome su corazón aliento.

Salmo 31:24 (Libro de Oración Común)

Vigilia

Vigilia (Tradicionalmente se observa a medianoche)

Al igual que los monjes y religiosas que rezan las horas, podemos escuchar en la quietud de la noche para reconocer el llamado de Dios.

Entrada Aun en la espera,
Dios está conmigo.

Lectura La luz verdadera que alumbra a toda la humanidad venía a este mundo. Juan 1:9 (*Dios Habla Hoy*)

Meditación *¿Qué me hace permanecer en las sombras?*
¿Cuál es la luz que esperó?

Oraciones Santo Dios, ven esta noche.
Abre mi corazón a la luz de tu amor.
Libera mis temores y revive mi esperanza,
para que pueda descansar
y levantarme para compartir tu amor. **Amén**

Cierre Aun en la espera,
Dios está conmigo.

Navidad

Para la iglesia, la Navidad es momento para celebrar el nacimiento de Jesús en Belén. Este nacimiento se celebra, no simplemente porque Jesús haya sido un "buen hombre", sino porque creemos que Jesús fue, y es, tanto el hijo humano de María como el divino Hijo de Dios. Esto hace de la Navidad el tiempo en el que meditamos sobre el misterio que la Iglesia llama la doctrina de la Encarnación, palabra que tiene la misma raíz en latín que la palabra *carne*. Es decir, la divinidad de Dios se encarna en un ser humano para caminar entre nosotros.

En una de sus homilías navideñas, San Agustín, obispo de Hipona del siglo V, describió así el misterio de la Encarnación: "Amados, nuestro Señor Jesucristo, el creador eterno de todas las cosas, hoy se convierte en nuestro Salvador siendo nacido de una madre. De su propia voluntad nació hoy por nosotros, en el tiempo, para que nos pueda llevar a la eternidad del Padre. Dios se hizo humano como nosotros para que nosotros podamos ser Dios. El Señor de los ángeles se hizo hoy uno de nosotros para que podamos comer el pan de los ángeles".

Alabanza

Laudes (Tradicionalmente se observa al despertar o al amanecer)

Laudate, omnes gentes, laudate Dominum!
[¡Canten alabanzas, todas las gentes, canten alabanzas al Señor!]
Recibimos el nuevo día con alabanzas al Creador (en la antigüedad, el significado del nombre de esta hora, Laudes, era "alabanza").

Entrada Alaben al Señor desde los cielos;
alábenle en las alturas.
Salmo 148:1 (*Libro de Oración Común*)

Lectura El pueblo que andaba en la oscuridad vio una gran luz; una luz ha brillado para los que vivían en tinieblas.
Isaías 9:2 (*Dios Habla Hoy*)

Meditación *¿Donde buscaré hoy la luz de Dios?*

Oraciones Abre mis ojos en este día, amado Señor, para ver tu luz en el mundo.
Acompáñame, para que pueda caminar con fe y compartir la luz de tu amor con los demás. **Amén**

Salida Alaben al Señor desde los cielos;
alábenle en las alturas.
Salmo 148:1 (*Libro de Oración Común*)

Discernimiento

Primera (Tradicionalmente se observa al comienzo del día)

Al empezar el día, nos enfocamos en el llamado de una vida fiel, pues, ¿quién sabe lo que traerá este día?

Entrada   El Verbo hecho carne
a Dios nos ha dado a conocer.

Oración   Luz de vida, encarnada para nacer al dolor y alegría de la vida humana y así darnos la gracia de ser hijos tuyos. Concédenos fe, oh Cristo Jesús, para reconocer tu presencia entre nosotros, para que toda la creación cante de nuevo un canto de alegría y camine en el camino de la paz. **Amén.**[18]

Alabanza   *El Cántico de María*
(Magnificat, Lucas 1:46-55 Dios Habla Hoy)

Mi alma alaba la grandeza del Señor; *
    mi espíritu se alegra en Dios mi Salvador.
Porque Dios ha puesto sus ojos en mí,
    su humilde esclava, *
    y desde ahora siempre me llamarán dichosa;
porque el Todopoderoso ha hecho en mí
    grandes cosas. *
    ¡Santo es su nombre!
Dios tiene siempre misericordia *
    de quienes lo reverencian.
Actuó con todo su poder: *
    deshizo los planes de los orgullosos,
derribó a los reyes de sus tronos *
    y puso en alto a los humildes.
Llenó de bienes a los hambrientos *
    y despidió a los ricos con las manos vacías.
Ayudó al pueblo de Israel, su siervo, *
    y no se olvidó de tratarlo con misericordia.
Así lo había prometido a nuestros antepasados, *
    a Abraham y a sus futuros descendientes.

Lectura   Aquel que es la Palabra se hizo hombre y vivió entre nosotros. Y hemos visto su gloria, la gloria que recibió del Padre, por ser su Hijo único, abundante en amor y verdad. De su abundancia todos hemos recibido un don en vez de otro. Nadie ha visto jamás a Dios; el Hijo único, que es Dios y que vive en íntima comunión con el Padre, es quien nos lo ha dado a conocer.   Juan 1:14, 16, 18 (*Dios Habla Hoy*)

Meditación   "Tú sabrás cuando es tiempo de dar nacer la nueva creación. Las señas estarán a todo tu alrededor, urgiendo, insistiendo: Ahora es el tiempo. Tienes que saber cuando empujar y concentrarte en esa sóla cosa. Requiere laborar, trabajo, un duro trabajo para dar luz a algo nuevo".
Miriam Therese Winter [19]

¿Que busca Dios nazca de nosotros? ¿Cómo trabajaremos para dar a luz eso que Dios nos pide?

Afirmación
Creemos en Dios, la fuente de amor,
  que creo la humanidad a su imagen y semejanza,
  que la bendició, y pidió se propagara
  nutriendo y cuidando de la creación de Dios
    para prosperidad.
Creemos en Jesucristo, Dios encarnado,
  nacido de una mujer, y que fue carpintero,
  que se alió con mujeres, hombres y niños,
  para transformarlos a tener vida abundante.
Creemos en el Espíritu Santo, activo desde antes
    de la creación,
  que a través de los tiempos ha inspirado a un
    sinnúmero de cristianos,
  que continúa inspirándonos para realizar
    el reino de Dios,
  donde nadie queda huérfano, solo, o desterrado.[20]

Oraciones Maravilloso Consejero,
cuya gloria excede nuestra capacidad de entender
y cuyo amor no tiene límite:
Haznos saber tu presencia en esta hora.

Poderoso Dios,
cuyo poder sostiene la creación,
cuyas manos abrazan los montes, y cuya
  misericordia no tiene fin:
Haznos saber tu presencia en esta hora.

Príncipe de la Paz,
cuya rectitud el la del fuerte monte
y cuya justicia es la del más profundo mar:
Haznos saber tu presencia en esta hora.

Emanuel,
que siempre tienes misericordia,
y cuyo brazo siempre está presto a salvar, alzamos
  frente a ti nuestra oración:

El pueblo puede añadir sus propias peticiones y acciones de gracias.

Sostiene a todos a los que amamos en tu amor
  infinito.
**Y haz que seamos tu presencia sanadora en
el mundo.**[21]

El Padre Nuestro

Oración Divino Verbo de Dios, cuyo amor encarnado nos muestra la plenitud de tu gloria; Llena nuestras vidas con tu verdad y tu gracia, que nuestro deleite no tenga fin, y nuestra integridad se haye completa. **Amén.**[22]

Salida El Verbo hecho carne
a Dios nos ha dado a conocer.

Sabiduría

Tercia (Tradicionalmente se observa a media mañana)

Habiendo pedido dirección y guía, rezamos para estar bien equipados en el resto del camino del día.

Entrada   Vengan, todos los fieles.
          Vengan, y adoremos al Señor.

Oración   O Divina Sabiduría: Llena este día con tu gracia, entendimiento y alegría, para que proclamemos el milagro maravilloso de tu amor, en Cristo nuestro Señor. **Amén.**

Alabanza *Ve, dí en la montaña*
          (La música, si se desea, puede hallarse en *El Himnario*, #87)

> *Estribillo:*
> Vé, dí en la montaña, sobre los montes por doquier.
> Vé, dí en la montaña, que Cristo ya nació.
>
> Pastores, sus rebaños, de noche al cuidar,
> con gran sorpresa vieron gloriosa luz mirar. *Estribillo*
>
> Y luego, asombrados, oyeron el cantar
> de ángeles, en coro las nuevas proclamar. *Estribillo*
>
> En un pesebre humilde el Cristo ya nació;
> de Dios amor sublime al mundo descendió. *Estribillo*

Lectura Pero cuando se cumplió el tiempo, Dios envió a su Hijo, que nació de una mujer, sometido a la ley de Moisés, para rescatarnos a los que estábamos bajo esa ley y concedernos gozar de los derechos de hijos de Dios. Así pues, tú ya no eres esclavo, sino hijo de Dios; y por ser hijo suyo, es voluntad de Dios que seas también su heredero.
Gálatas 4:4-5, 7 (*Dios Habla Hoy*)

Meditación "Nosotros a quienes se nos ha encargado anunciar el mensaje de Cristo debemos aprender la lección incomparable de lo que nos enseño por su propio ejemplo. Enseñó, primero, con el ejemplo de su vida, y sólo después con sus palabras".[23]

¿Cómo nos llama Dios a dar testimonio con el ejemplo de nuestra vida?

Oraciones Santa Sabiduría, llénanos de bondad,
    y te damos las gracias.
Danos a mostrarlo en nuestras vidas.
Santa Sabiduría, nos invitas a servir,
    y respondemos con un "sí",
Danos a mostrarlo en nuestros actos.
Santa Sabiduría, tú abres nuestros ojos a
    las necesidades de los demás,
    y queremos ser fieles:
Danos a mostrarlo en nuestro amor.
Santa Sabiduría, anhelamos vivir más
    profundamente en tu paz:
Enséñanos el camino.

El pueblo puede añadir sus propias peticiones y acciones de gracias.

El Padre Nuestro

Oración Dios, Gran Espíritu, Creador de Todo, te recibimos en nuestros corazones, nuestras mentes, nuestras almas: Concédenos la sabiduría de María para reconocer la voz interior que sabemos es la tuya. Guíanos para que aceptemos tu invitación a servirte con fortaleza y valentía. **Amén.**

Salida Vengan, todos los fieles.
Vengan, y adoremos al Señor.

Perseverancia y Renovación

Sexta (Tradicionalmente se observa a la hora del mediodía)

Al hacer una pausa para dar alimento a nuestros cuerpos al mediodía, alimentamos también nuestras almas para vivir con fe.

Entrada Toda la vida está entrelazada.
Toda la vida es don de Dios.

Oración Dador de Vida y autor de todo amor: Sé presente con nosotros ahora que hacemos pausa para descansar en tu amor. Llena nuestras mentes del recuerdo de tu bondad, bendícenos con la gracia de tu luz, y mándanos de nuevo en renovación de fe para demostrar tu amor en el mundo. **Amén.**

Alabanza *Fruto del amor divino*
[Si se desea, la música puede hallarse en *El Himnario* #83

1.
Fruto del amor divino, génesis de la creación;
Él es Alfa y es Omega, es principio y conclusión,
De lo que es, de lo que ha sido, de lo nuevo en formación;
y por siempre así será.

2.
¡Cuán bendito nacimiento, pues la virgen concibió,
por la gracia del Espíritu, al que al mundo redimió!
A través del niño santo, Dios su amor manifestó;
y por siempre así será.

5.
Cristo, a ti, con Dios el Padre, y al Espíritu de amor,
himnos de alabanza y gloria tributamos con loor;
tuyos el poder, la honra, la victoria y el honor;
y por siempre así será.

Texto: Aurelius Clemens Prudentius;
trad. estrs 1,3,4 Federico J. Pagura © ; estrs. 2,5 Skinner Chávez -Melo ©

Lectura Pero Dios nuestro Salvador mostró su bondad y su amor por la humanidad, y, sin que nosotros hubiéramos hecho nada bueno, por pura misericordia nos salvó lavándonos y regenerándonos, y dándonos nueva vida por el Espíritu Santo. Tito 3:4-5 (*Dios Habla Hoy*)

Meditación "La gracia a menudo se describe como algo que "limpia" todo lo que obscurece la bondad esencial de la vida. Esa luz que existió en el principio todavía resplandece en el corazón de la vida, pero no vemos la plenitud de su resplendor... La gracia es como una lluvia que limpia el paisaje de la vida, seguida de la luz del sol que restaura nuestra vista".

J. Philip Newell [24]

¿En qué parte de nuestra vida necesitamos la gracia de la renovación? ¿Cómo podemos ofrecerla a los demás?

Oraciones Dios nuestro Salvador,
Limpia nuestros corazones de todo lo que impide tu amor.
Dios nuestro Salvador,
Renuévanos en el anhelo de vivir en tu gracia.
Dios nuestro Salvador,
Llénanos de nuevo con la voluntad para perseverar.
Dios nuestro salvador, bendecimos tu Nombre y pedimos tu amor sanador:

El pueblo puede añadir sus propias peticiones y acciones de gracias.

Danos corazones agradecidos,
Para compartir tu amor con todos los demás.
Abraza al mundo entero con tu bondad
Y haznos ministros de tu Buena Nueva.

El Padre Nuestro

Prayer   Dios de la creación, en tu gran misericordia tú renuevas nuestras vidas: Mándanos de nuevo al amor y la labor de este día con alegría y compasión en nuestros corazones; por Cristo nuestro Salvador. **Amén.**

Salida   Toda la vida está entrelazada.
Toda la vida es don de Dios.

Amor

Nona (Tradicionalmente se observa a media-tarde)

Al pasar las horas, nos llenan los encuentros del día; ahora, más que nunca, aceptamos la profundad y amplitud de la gracia de Dios.

Entrada Pequeño niño, nacido este día:
Salvador, Redentor, Amado de Dios.

Oración Bendito Salvador, en amor viniste a nosotros como un niño: Alumbra nuestros corazones, para que profundizemos en reconocer la riqueza de este don y podamos vivir más fielmente tu llamado a darnos en amor. **Amén.**

Alabanza *En medio del silencio*
(La música, si se desea, puede hallarse en Flor y Canto © 1989 #73)

Sobre la noche reina la luz de tu esplendor;
en medio del silencio, el eco de tu voz.
¡Misterio del Amor!
en medio del silencio el Verbo se encarnó.

Nos ha nacido un niño: un hijo se nos dió;
hoy brilla la esperanza de nuestra salvación.
¡Misterio del Amor!
en medio del silencio el Verbo se encarnó.

Texto © R. Artacho y Ediciones Instituto Pontífico San Pío X.

Lectura Dios los ama a ustedes y los ha escogido para que pertenezcan al pueblo santo. Revístanse de sentimientos de compasión, bondad, humildad, mansedumbre y paciencia. Sopórtense unos a otros, y perdónense si alguno tiene una queja contra otro. Así como el Señor los perdonó, perdonen también ustedes. Sobre todo revístanse de amor, que es el lazo de la perfecta unión. Y que la paz de Cristo reine en sus corazones, [y] que el mensaje de Cristo permanezca siempre en ustedes con todas sus riquezas.   Colosenses 3:12-15a, 16a (*Dios Habla Hoy*)

Meditación "Pues hagamos cuenta que dentro de nosotras está un palacio de grandísima riqueza, todo su edificio de oro y piedras preciosas… hay otra cosa más preciosa, sin ninguna comparación, dentro de nosotras que lo que vemos por defuera. No nos imaginemos huecas en lo interior".   Teresa de Ávila [25]

¿Qué significa el que el amor de Dios more en nosotras? ¿Cómo nos ayuda esta realidad a amar a los demás?

Oraciones Amados, somos llamados a amar a los necesitados:
Amemos en obra y en verdad.
Amadas, somos llamadas a ser pueblo de paz:
Amémonos las unas a los otras.
Amados, nuestro llamado es ser pueblo sanador.
Amemos no solo a Dios, sino a nuestros hermanos y hermanas también.

El pueblo puede añadir sus propias peticiones y acciones de gracias.

Que moremos en el amor de Dios.
Y el amor de Dios more en nosotros.[26]

El Padre Nuestro

Oración	Salvador, Redentor, Amado Dios: Revístenos con tu amor, fortalécenos para vivir con bondad sobre esta tierra, danos humildad para reconocer que todo lo que encontramos es precioso en tus ojos y enséñanos a caminar con gentileza y paciencia en esta hora y siempre. **Amén.**
Salida	Pequeño niño, nacido este día: **Salvador, Redentor, Amado de Dios.**

Perdón

Vísperas (Tradicionalmente se observa al terminar el día, antes del anochecer)

Al terminar el día, recibimos el anochecer al prender luces que alumbrarán nuestro espacio, y pedimos de nuevo el acompañamiento de Dios.

Entrada La luz brilla en la tinieblas,
y la obscuridad no ha podido apagarla.

Oración Dios nuestro Salvador: Encuéntranos en esta hora y lugar; nutre nuestros corazones en tu amor, libéranos de todo lo que se resiste a tu gracia y renueva nuestros cuerpos para servir en tu mundo. **Amén.**

Alabanza *Se oye un son en alta esfera*
(Si se desea, la música puede hallarse en *El Himnario*, #89)

Se oye un son en alta esfera
"En los cielos gloria a Dios,
y al mortal, paz en la tierra!"
canta la celeste voz.
Con los cielos alabemos,
al eterno Dios cantemos,
a Jesús que es nuestro bien,
con el coro de Belén.
Canta la celeste voz:
"En los cielos, gloria a Dios!"

Texto: Charles Wesley; trad. Federico Fliedner, alt.

Lectura La luz verdadera que alumbra a toda la humanidad venía a este mundo. Aquel que es la Palabra estaba en el mundo; y, aunque Dios hizo el mundo por medio de él, los que son del mundo no lo reconocieron. Vino a su propio mundo, pero los suyos no lo recibieron. Pero a quienes lo recibieron y creyeron en él, les concedió el privilegio de llegar a ser hijos de Dios. Juan 1:9-12 (*Dios Habla Hoy*)

Meditación "La santidad no es un logro, en el sentido propio de la palabra, sino un don de la Palabra de Dios. La santidad no es una insignia de mérito para el santo, sino algo que se forja de la vida en el mero ser de una persona ordinaria por la voluntad de Dios. La santidad... es la restauración de la integridad y plenitud de la persona". William Stringfellow [27]

¿Qué le presentamos a Dios en esta hora en la que necesitamos de la plenitud?

Confesión Verbo de Dios,
confesamos que estamos necesitados de tu plenitud.
Tantas veces hemos buscado las medidas y
    dones exteriores
      cuando lo que necesitamos es tu amor en
      nuestros corazones.
Tantas veces buscamos a lo que se puede lograr,
    o en compararnos con los demás,
      cuando lo que anhelamos es la integridad que
      tu amor concede.
Confesamos nuestra necesidad de que tú
    nos ilumines.
Sé nuestra luz, oh Cristo.

Declaración del Perdón
    Dios perdona nuestros pecados
      y sana nuestras enfermedades.
    Dios nos alza del vacío
      y nos llena de su amor y misericordia.
    Dios nos llena de bondad
      y renueva nuestras vidas.
    Demos gracias a Dios. [28]

Oraciones   Por los oprimidos,
Para que construyamos ahora la justicia del reino
  de Dios.
Por los hambrientos,
Para que nosotros, el Cuerpo de Cristo, seamos pan.
Por los que lloran,
Para que ofrezcamos gozo y consuelo.
Por los desterrados y por los que padecen
  de cualquier necesidad.

El pueblo puede añadir sus propias peticiones y acciones de gracias.

Al anhelar ser fiel pueblo de Dios
Seamos pueblo que recibe a todos con verdad y con gracia.[29]

El Padre Nuestro

Oración   O Dios, que maravillosamente creaste, y aún más maravillosamente restauraste la dignidad de la naturaleza humana: Concede que compartamos la vida divina de quien se humilló para compartir nuestra humanidad, tu Hijo Jesucristo; que vive y reina contigo, en la unidad del Espíritu Santo, un solo Dios, por los siglos de los siglos. **Amén.**[30]

Salida   La luz brilla en las tinieblas
y la obscuridad no ha podido apagarla.

Confianza

Completas (Tradicionalmente se observa justo antes de la hora de acostarse)

Resumimos el día con oraciones antes de acostarnos para examinar nuestra consciencia y ofrecer nuestras acciones frente a Dios.

Entrada   Jesús, el Verbo
ahora vive entre nosotros.

Oración   Dios omnipotente y de amor constante, tú has derranado sobre nosotros la nueva luz de tu Verbo Encarnado: Concede que esta luz, encendida en nuestros corazones, pueda resplandecer en nuestras vidas; por Jesucristo nuestro Señor. **Amén.**[31]

Alabanza   *Pequeño pueblo de Belén*
(De ser deseado, puede cantarse usando la música según *El Himnario*, #96, *O Flor y Canto* (2da. edición), #330)

Pequeño pueblo de Belén, que duermes sin soñar,
Te cubre con su manto azul la estrella de la paz.
Mas en tus muros arde un fuego celestial:
Es Dios que quiso por amor nacer en tu portal.

Al pobre establo de Belén un niño descendió:
Pequeño trigo en el pajar, Cordero sin pastor.
Mas esta Noche Santa la vida nos abrió,
Pues, quien acaba de nacer: es Cristo nuestro Dios.

María a Cristo hoy nos dió en carne de mortal.
Y mientras velas tú, Belén, dormido el mundo está.
Alumbra ya el lucero con llama celestial,
y brota en esta noche azul, el himno de la paz.

¡Oh Santo Niño de Belén! Desciende con tu amor,
Y echando fuera todo mal, nace en nosotros hoy.
Angélicos cantores le anuncian al nacer:
Ven con nosotros a morar, Jesús, Emanuel.

Letra: Phillips Brooks (1835-1893)
trad. B.B.G. y T.M. Westrup

Lectura Señor, tú conservas en paz a los de carácter firme, porque confían en ti. El Señor, el Dios Santo de Israel, dice: "Vuelvan, quédense tranquilos y estarán a salvo. En la tranquilidad y la confianza estará su fuerza." Isaías 26: 3, 30:15 (*Dios Habla Hoy*)

Meditación "A pesar de su temor, los pastores se convierten en los mensajeros de Dios. Se organizan, se apuran, buscan a otros y hablan con ellos. ¿No deseamos todos ser pastores y avistar ángeles? Yo así lo creo... Porque los ángeles cantan, los pastores se levantan, dejan atrás sus temores, y van buscando a Belén, dondequiera que hoy se encuentre".   Dorothy Soelle [32]

Al dejar atrás los temores y pendientes de este día, ¿dónde necesitamos fuerza y valor para ser mensajeros de la Buena Nueva de Dios mañana?

Oraciones Jesús el Verbo,
Pedimos la confianza de tu paz en nuestras vidas.
Jesús el Verbo,
Pedimos por todos los que viven en violencia o desconcierto.
Jesús el Verbo,
Pedimos por el mundo, sabiendo que somos causa de que haya perdido su paz.
Jesús el Verbo,
Pedimos por todos los que necesitan de tu Buena Nueva en esta noche:

El pueblo puede añadir sus propias peticiones y acciones de gracias.

Con los ángeles y los pastores en esa primera Navidad
O Jesus, Verbo encarnado,
pongamos nuestra fe en ti y compartamos el gozo de tu encarnación.

El Padre Nuestro

Oración Dios de gracia, tú nos has redimido a través de Cristo Jesús, el primogénito de toda la creación cuyo nacimiento celebramos en el niño de Belén: Bendícenos con todos los dones espirituales, para que vivamos como hijos tuyos y, llenos de agradecimiento y alabanza, demos sin cesar testimonio de tu gloria. **Amén** [33]

Cierre Jesús, el Verbo
ahora vive entre nosotros.

Vigilia

Vigilia (Tradicionalmente se observa a medianoche)

Al igual que los monjes y religiosas que rezan las horas, podemos escuchar en la quietud de la noche para reconocer el llamado de Dios.

Entrada Vengan, adoremos
a Cristo Señor.

Lectura Porque nos ha nacido un niño, Dios nos ha dado un hijo... Y le darán estos nombres: Admirable en sus planes, Dios invencible, Padre eterno, Príncipe de la paz. Isaías 9:6 (*Dios Habla Hoy*)

Meditación *¿Cómo es Jesús, en esta noche, mi consejero, mi paz y mi fortaleza?*

Oraciones Llénanos, oh Dios, con tu gentileza y tu presencia, para que nuestras almas jamás conozcan el abandono ni pierdan la esperanza. Llévanos más allá de nosotros mismos para ser lo que tú naciste para ser. No permitas nos detengan o impidan el camino los que nos harían cargar con expectativas falsas. En tu Santo Nombre. Amén. [34]

Cierre Vengan, adoremos
a Cristo Señor.

Epifanía

Epifanía es una palabra que viene del griego y significa "manifestación, demostrar, revelación". Esta festividad proclama nuestra fe que, en Jesús, Dios se ha manifestado a todos los pueblos, no sólo a un círculo íntimo o a un grupo selecto, sino a todos, en todos los lugares y en todos los tiempos. Los cristianos creen que en la persona de Jesús podemos ver quién es Dios, y en las palabras y hechos de Jesús vemos la acción de Dios en el mundo. Epifanía marca una serie de ocasiones en que Jesús fue revelado como el Hijo de Dios.

La festividad de la Epifanía y las semanas que siguen son un tiempo en que meditamos sobre las "manifestaciones" de Jesús, al ir siendo reconocido como el Mesías (o Cristo) por diferentes personajes. Recordamos cómo Juan Bautista bautiza a Jesús en el río Jordán y la visita de los "reyes magos" o "sabios del oriente", que siguieron la estrella hasta Belén para presenciar el nacimiento de Jesús. Compartimos cómo se maravillan los invitados a la Boda de Caná en el momento en que Jesús hace su primer milagro al convertir agua en vino fino. Y al terminar la temporada, vemos la gloria de Jesús revelada a tres de sus discípulos en la montaña al ser transfigurado frente a ellos en el resplandor de una llamarada de luz.

Alabanza

Laudes (Tradicionalmente se observa al despertar o al amanecer)

Laudate, omnes gentes, laudate Dominum!
[¡Canten alabanzas, todas las gentes, canten alabanzas al Señor!]
Recibimos el nuevo día con alabanzas al Creador (en la antigüedad, el significado del nombre de esta hora, Laudes, era "alabanza"). El nuevo día con alabanzas al Creador (el significado en la antigüedad del nombre de esta hora, Laudes, era "alabanza").

Entrada: Levántate envuelto en resplandor porque ha llegado tu luz
Y la Gloria del Señor brilla sobre ti.

Lectura Entonces Dios dijo: "¡Que haya luz!" Y hubo luz.
Y Dios vio que todo estaba bien.
Génesis 1:3, 12b (*Dios Habla Hoy*)

Meditación: *¿Cómo invitaré que el amor de Dios brille a través de mí en este día?*

Oración Brillante estrella al alborar la mañana
sé luz para nuestra oscuridad.
Estrella del oriente que adornas el horizonte,
guíame a encontrar al niño Redentor. **Amén** [35]

Salida: Levántate envuelto en resplandor porque ha llegado tu luz
Y la Gloria del Señor brilla sobre ti.

Discernimiento

Primera (Tradicionalmente se observa al comienzo del día)

Al empezar el día, nos enfocamos en el llamado de una vida fiel, pues, ¿quién sabe lo que traerá este día?

Entrada Tu palabra es lámpara frente a nuestros pies,
y **luz para el camino.**

Oración Dios insistente, de noche y de día llamas a tu pueblo durmiente: Avívanos con tu voz y alumbra nuestras vidas con tu gracia para que nos demos de lleno al llamado de Cristo a la misión y al ministerio. **Amén.** [36]

Alabanza *Salmo 27: 1, 4, 6-8* (Dios Habla Hoy)
El Señor es mi luz y mi salvación,
 ¿de quién podré tener miedo?
El Señor defiende mi vida,
 ¿a quién habré de temer?
Solo una cosa he pedido al Señor,
 solo una cosa deseo:
estar en el templo del Señor
 todos los días de mi vida,
para adorarlo en su templo
 y contemplar su hermosura.
A ti clamo, Señor: escúchame.
 Ten compasión de mí, ¡respóndeme!
El corazón me dice: "Busca la presencia del Señor."
 Y yo, Señor, busco tu presencia.

Lectura Al día siguiente, Juan estaba allí otra vez con dos de sus seguidores. Cuando vio pasar a Jesús, Juan dijo: — ¡Miren, ese es el Cordero de Dios! Los dos seguidores de Juan lo oyeron decir esto, y siguieron a Jesús. Jesús se volvió, y al ver que lo seguían les preguntó: — ¿Qué están buscando?
                    Juan 1:35-38a (*Dios Habla Hoy*)

Meditación "El ojo de cormorán es color esmeralda. El ojo del águila es ambar. El ojo del zaramagullón es rubí. El ojo de la bandurria es zafiro. Cuatro piedras preciosas que son espejos de la mente de aves — aves mediadoras entre el cielo y la tierra. Pero nosotros no vemos los ojos de las aves, sino que nos enfocamos sólo en su plumaje". Terry Tempest Williams [37]

¿Qué buscamos? ¿Dónde hemos dejado de buscar?

Afirmación
No estamos solos; vivimos en el mundo de Dios.
Creemos en Dios:
    que ha creado y sigue creando.
    que ha venido en Jesús,
    el Verbo encarnado,
    para reconciliar y renovar,
    que obra en nosotros y en los demás por
      el Espíritu.
Confiamos en Dios.
Hemos sido llamados a ser la Iglesia:
    a celebrar la presencia de Dios,
    a vivir respetando toda la creación,
    a amar y servir a los demás,
    a buscar justicia y a resistir el mal,
    a proclamar a Jesús, crucificado y levantado,
    nuestro juez y nuestra esperanza.
En vida, en muerte, en vida más allá de la muerte,
    Dios está con nosotros.
No estamos solos. Demos gracias a Dios.[38]

Oraciones   Jesús, tú eres la luz del mundo:
   Que tu luz abra nuestros ojos a las necesidades
      de los demás.
   Jesús, tú eres la luz del mundo.
   Que las obras de nuestras vidas demuestren tu amor.
   Jesús, tú eres la luz del mundo.
   Que tu sabiduría ilumine nuestras decisiones.
   Jesús, luz del mundo, escucha las oraciones
      de nuestros corazones:

   El pueblo puede añadir sus propias peticiones y acciones de gracias.

   Como tu iluminas nuestras vidas,
   Que seamos luz para los demás.

El Padre Nuestro

Oración   Abre nuestros ojos, para que podamos ver.
   Inclina nuestros corazones al anhelo.
   Ordena nuestros pasos, para que podamos seguir
   el camino de tus mandamientos. **Amén.**[39]

Salida   Tu palabra es lámpara frente a nuestros pies,
   y **luz para el camino.**

Sabiduría

Tercia (Tradicionalmente se observa a media mañana)

Habiendo pedido dirección y guía, rezamos para estar bien equipados en el resto del camino del día.

Entrada   La sabiduría todo lo sabe, todo lo entiende
y nos guía es nuestro actuar.

Oración   O Dios, tu Espíritu de Sabiduría estuvo presente en el principio de la creación y con Jesús al ser bautizado: Abre nuestros corazones a ese mismo Espíritu, y guíanos y fortalécenos para amarte y servirte, así como a nuestro prójimo; por Jesucristo nuestro Señor. **Amén.**

Alabanza *Un cántico al Espíritu de Sabiduría*
(Sabiduría 7:7-8, 10-14 Dios Habla Hoy)

Supliqué a Dios, y me concedió prudencia; *
  le pedí espíritu de sabiduría, y me lo dio.
La preferí a los cetros y los tronos;
  en comparación con ella, tuve en nada la riqueza.
La amé más que a la salud y a la belleza; *
la preferí a la luz del día,
  porque su brillo no se apaga.
Con ella me vinieron a la vez todos los bienes, *
  pues me trajo incalculables riquezas;
gocé de todos esos bienes, porque la sabiduría
    los gobierna, *
  aunque no sabía que es la madre de todos ellos.
La alcancé sin malicia, y la comparto sin envidia; *
  no escondo para mí su riqueza.
La sabiduría es para los hombres un tesoro
    inagotable: *
  quien sabe usar de ella, logra la amistad de Dios.

Lectura   Si entre ustedes hay alguno sabio y entendido, que lo demuestre con su buena conducta, con la humildad que su sabiduría le da; los que tienen la sabiduría que viene de Dios, llevan ante todo una vida pura; y además son pacíficos, bondadosos y dóciles. Son también compasivos, imparciales y sinceros, y hacen el bien. Y los que procuran la paz, siembran en paz para recoger como fruto la justicia.

Santiago 3:13, 17-18 (*Dios Habla Hoy*)

Meditación   "No piensen que la santidad vienen de la ocupación; más bien depende del ser de cada persona. El tipo de trabajo que hacemos no nos hace santos, sino que somos nosotros quienes podemos santificar nuestra labor".

Meister Eckhart (1260-1329)

¿Que labor haremos este día?
¿Cómo santificaremos nuestra labor?

Oraciones   Aliento de Dios, inspíranos y guíanos.
Ven con nosotros, Espíritu Santo, y acompáñanos.
Sabiduría de Dios, guíanos a obrar con bondad
   y misericordia.
Ven con nosotros, Espíritu Santo, y acompáñanos.
Espíritu de Dios, enséñanos a ser fieles.
Ven con nosotros, Espíritu Santo, y acompáñanos.

El pueblo puede añadir sus propias peticiones y acciones de gracias.

El Padre Nuestro

Oración   Dios de gracia: danos más profunda reverencia para la verdad y tal sabiduría en el conocimiento que tu reino avance y tu nombre sea glorificado; por Jesucristo nuestro Señor. **Amén.**

Salida   La sabiduría todo lo sabe, todo lo entiende y nos guía es nuestro actuar.

Perseverancia y Renovación

Sexta (Tradicionalmente se observa a la hora del mediodía)

Al hacer una pausa para dar alimento a nuestros cuerpos al mediodía, alimentamos también nuestras almas para vivir con fe.

Entrada Anhelamos ver la gloria de Dios.
Para que su gloria renueve nuestras vidas.

Oración Santo Dios, que sabes lo que necesitamos aun antes de que te lo pidamos: Concede que seamos perseverantes en rezar por las necesidades de toda la creación, y renueva nuestra fe en la bondad del cuidado que tienes por nosotros; por Jesucristo nuestro Señor. **Amén.**

Alabanza *Con Amor y Gratitud* [40]
(La música puede hallarse en *El Himnario*, #110)

Con amor y gratitued te alabamos, oh Jesús,
manifiesto con honor por la estrella que brilló,
y a los magos del ayer a Belén vino a traer.
Hoy cantamos tu loor, encarnado Dios de amor.

Manifiesto en el Jordán como ungido celestial,
fiel profeta del Señor, Sacerdote y Rey de amor;
en las bodas de Caná su poder presente está.
Hoy cantamos tu loor, encarnado Dios de amor.

Lectura   Al tercer día hubo una boda en Caná, un pueblo de Galilea... Se acabó el vino, y la madre de Jesús le dijo: "Ya no tienen vino." Jesús le contestó: "Mujer, ¿por qué me dices esto? Mi hora no ha llegado todavía." Ella dijo a los que estaban sirviendo: "Hagan todo lo que él les diga." Jesús dijo a los sirvientes: "Llenen de agua estas tinajas." [El agua se convirtió en vino.] Esto que hizo Jesús en Caná de Galilea fue la primera señal milagrosa con la cual mostró su gloria; y sus discípulos creyeron en él.

Juan 2:1-5, 7-11 (Dios Habla Hoy)

Meditación   "Por Dios, detente un momento, deja de trabajar y mira a tu alrededor".   Leo Tolstoy [41]

¿Qué podemos soltar en esta hora? ¿Cómo nos ayudará esta acción de dejar algo atrás para usar nuestros dones con más alegría?

Oraciones   Cuando nos pesa el trabajo y nos vemos cargados con preocupaciones e inquietudes,
Refréscanos, oh Cristo.
Cuando nuestras manos no están dispuestas a recibir ayuda,
Renueva nuestra capacidad de confiar, oh Cristo.
Cuando nos cansamos de amar a los demás,
Ámanos, oh Cristo.
Te ofrecemos las inquietudes de nuestros corazones:

El pueblo puede añadir sus propias peticiones y acciones de gracias.

Al alzar frente a ti nuestras esperanzas y alegrías,
Escúchanos, oh Cristo. Amén.

El Padre Nuestro

Oración O Dios de amor constante, en la boda de Caná,
tu hijo Jesucristo convirtió el agua en vino,
deleitando a todos los que ahí estuvieron presentes:
Transforma nuestros corazones por tu Espíritu,
para que usemos nuestros dones para demostrar la
luz de tu amor como un solo cuerpo en Cristo Jesús.
Amén.[42]

Salida Anhelamos ver la gloria de Dios.
Para que su gloria renueve nuestras vidas.

Amor

Nona (Tradicionalmente se observa a media-tarde)

Al pasar las horas, nos llenan los encuentros del día; ahora, más que nunca, aceptamos la profundad y amplitud de la gracia de Dios.

Entrada   Amado Dios, nos llamas a ser hijos tuyos:
Que nos deleitemos en tu amor.

Oración   O Dios, a través del Bautismo nos recibes en tu amor: Enséñanos a vivirlo y compartirlo con toda tu creación; por Jesucristo nuestro Señor. **Amén.**

Alabanza   *Tú, oh Cristo* [43]
Tú, oh Cristo, recoges en tu ser: *
    la fuerza y bondad de un padre.
Tú, oh Cristo, recoges en tu ser: *
    la sabiduría y gentileza de una madre.
Tú, oh Cristo, recoges en tu ser: *
    la luz y la gracia del amor divino.
Un solo Dios, tres personas;
    que tú, oh Cristo, recoges en tu ser.
Tú eres la soberana bondad que habita todo lo creado.
    Tú eres quien nos llama al amor y al anhelo.
Tú, oh Cristo, recoges en tu ser: *
    la plenitud verdadera de nuestra naturaleza humana.

Lectura   En cuanto Jesús fue bautizado y salió del agua, el cielo se le abrió y vio que el Espíritu de Dios bajaba sobre él como una paloma. Se oyó entonces una voz del cielo, que decía: "Este es mi Hijo amado, a quien he elegido."   Mateo 3:16-17 (*Dios Habla Hoy*)

Meditación "Repentínamente, me inundó el sentimiento de que yo amaba a toda esa gente, que eran mías, y yo de ellas, que aun sin habernos conocido jamás, no podíamos ser extraños los unos de los otros. Era como estar despertando de un sueño de separación..." Thomas Merton [44]

¿Cómo sería diferente nuestro día si pudiéramos ver a cada persona como hijo o hija amada de Dios?

Oraciones Dios, nuestro creador y amador,
  Llena nuestros corazones de tu amor.
Dios, nuestro Señor y Salvador.
  Llena nuestros hogares con tu amor.
Dios, nuestro Consolador y Defensor,
  Llena nuestra comunidad de tu amor.
Dios, Santa Trinidad,
  Llena todo el mundo de tu amor.

El pueblo puede añadir sus propias peticiones y acciones de gracias.

El Padre Nuestro

Oración Oh Santo Dios, en Jesús has puesto el fundamento sobre el cual hacer nuestra vida: Ayúdanos a seguir tu perfecta ley de amor, para que la podamos realizar y satisfacer plenamente hasta el final. **Amén.** [45]

Salida Amado Dios, nos llamas a ser hijos tuyos:
Que nos deleitemos en tu amor.

Perdón

Vísperas   (Tradicionalmente se observa al terminar el día, antes del anochecer)

Al terminar el día, recibimos el anochecer al prender luces que alumbrarán nuestro espacio, y pedimos de nuevo el acompañamiento de Dios.

Entrada   El Salvador de las naciones llega ya,
Es él quien nos sana y alumbra el camino.

Oración   Líbranos, oh Dios, de la esclavitud del pecado,
y danos la libertad de aquella vida abundante
que tu nos muestras en tu Hijo, nuestro Salvador
Jesucristo; que vive y reina contigo, en la unidad del
Espíritu Santo, un solo Dios, ahora y por siempre.
Amén.

Alabanza   *Muchos Resplandores*
(Si se desea, la música puede hallarse en *Wonder, Love and Praise*, #794 o en *El Himnario*, #216)

Verso 1
1. Muchos resplandores, sólo una luz;
es la luz de Cristo.
Muchos resplandores, sólo una luz;
que nos hace uno.

2. Muchas son las ramas, un árbol hay,
y su tronco es Cristo.
Muchas son las ramas, un árbol hay,
y en él somos uno.

Words: Anders Frostenson (1906-2006);
trans.: Pablo Sosa (b.1933)

Lectura   Luego entraron en la casa, y vieron al niño con María, su madre; y arrodillándose le rindieron homenaje. Abrieron sus cofres y le ofrecieron oro, incienso y mirra. Después, advertidos en sueños de que no debían volver a donde estaba Herodes, regresaron a su tierra por otro camino.

Mateo 2:11-12 (*Dios Habla Hoy*)

Meditación   "Los sabios de oriente, los reyes magos, no pueden regresar a su país por el mismo camino que tomaron para llegar a Belén. Y mientras que ellos no pueden tomar el mismo camino por motivo de Herodes, nosotros no podemos tomar el mismo camino porque hemos tenido un encuentro con Jesús. Este encuentro cambia nuestro ser. No podemos seguir en el mismo camino de antes. Como los sabios de oriente, debemos buscar a Jesús, pero de ese encuentro siempre saldremos personas transformadas".   Richard Meux Benson[46]

¿Dónde bucamos la transformación? ¿De qué manera necesitamos ofrecer un camino diferente para alguien más?

Confesión   Santo Dios, nos encontramos contigo en nuestras vidas, e intentamos seguirte fielmente,
pero tantas veces perdemos el camino.
Intentamos amar al prójimo como a nosotros mismos,
y también, por tu gracia, amar al enemigo,
pero no lo logramos.
Equivocamos el camino y nos apartamos de la senda de tu amor.
Perdónanos, Señor, y guíanos hasta regresar a ti.

Declaración del Perdón
    Nos volvemos a ti, buen Señor, y
    aceptamos tu gracia.
    Aceptamos tu perdón.
    Aceptamos el don de un nuevo camino,
    en Cristo nuestro Señor. Amén.

Oraciones Naciste entre los humildes.
    Sálvanos, Señor Jesus.
    Los sabios y los poderosos se postraron frente a ti.
    Enséñanos, Señor Jesús.
    Vienes a guiarnos a la santidad.
    Guíanos, Señor Jesús.
    Nos pides que llamemos a ti, y por eso ofrecemos
    nuestra oración:

    El pueblo puede añadir sus propias peticiones y
    acciones de gracias.

    Escúchanos, Señor Jesús.

Lord's Prayer

Oración Jesús, tú te revelaste al mundo para que todos los pueblos pudieran mirar hacia ti y encontrar la salvación: concede que conozcamos la plenitud de vida que tú nos traes. Sé nuestra luz en la obscuridad y levántanos de nuevo si recaemos; todo esto pedimos en tu Santo Nombre. **Amén.**

Salida El Salvador de las naciones llega ya,
    Es él quien nos sana y alumbra el camino.

Confianza

Completas (Tradicionalmente se observa justo antes de la hora de acostarse)

Resumimos el día con oraciones antes de acostarnos para examinar nuestra consciencia y ofrecer nuestras acciones frente a Dios.

Entrada   No teman, pues yo los he redimido,
Nos llama por nuestro nombre, y somos tuyos.

Oración   O Dios de todos los profetas, tú nos conociste y elegiste aun antes de formarnos en el vientre de nuestra madre; Llénanos con fe que demuestra tu palabra, esperanza que no decepciona y amor que carga todo por tí, hasta llegar ese día cuando te conoceremos plenamente, así como tú nos conoces a nosotros. **Amén.** [47]

Alabanza   *Cántico de Simeón*
(Nunc dimittis, Lucas 2:29-32 *Libro de Oración Común,*) [48]
Ahora despides, Señor, a tu siervo, *
    conforme a tu palabra, en paz.
Porque mis ojos han visto a tu Salvador, *
    a quien has presentado ante todos los pueblos.
Luz para alumbrar a las naciones, *
    y gloria de tu pueblo Israel.

Lectura   Seis días después, Jesús tomó a Pedro, a Santiago y a Juan, el hermano de Santiago, y se fue aparte con ellos a un cerro muy alto. Allí, delante de ellos, cambió la apariencia de Jesús. Su cara brillaba como el sol, y su ropa se volvió blanca como la luz ... Mientras Pedro estaba hablando, una nube luminosa se posó sobre ellos, y de la nube salió una voz, que dijo: "Este es mi Hijo amado, a quien he elegido: escúchenlo." Al oir esto, los discípulos se postraron con la cara en tierra, llenos de miedo. Jesús se acercó a ellos, los tocó y les dijo: "Levántense; no tengan miedo."   Mateo 17:1-2, 5-8 (*Dios Habla Hoy*)

Meditación *Candelaria*
Con certeza
Simeón abrió
sus brazos ancianos
a la luz recién nacida.
Décadas antes
que la cruz, la tumba,
y la nueva vida,
él conoció,
vida nueva.
Qué profundidad
de fe encontró,
volteando iluminado,
hacia la noche profunda.

Denise Levertov [49]

¿Cómo podríamos dejar atrás nuestros temores y basarnos en fe como lo hizo Simeón?

Prayer   Hijo de Dios, en la luz de la fe, ofrecemos nuestra oración:
Ayúdanos a seguir de cerca donde tú nos guías.
Por todos los que temen la obscuridad en
    esta noche,
Redime nuestros temores con fe y confianza.
Por todos los lugares del mundo que anhelan
    nueva vida,
Concédeles el poder de tu gracia salvadora.
Por todas las necesidades y alegrías de nuestros
    corazones:

El pueblo puede añadir sus propias peticiones y acciones de gracias.

Escúchanos, enséñanos, restáuranos,
    Y que tu luz brille en nuestros corazones y en
    todo el mundo.

El Padre Nuestro

Oración Sé nuestra luz en las tinieblas, oh Señor, y por tu gran misericordia defiéndenos de todos los peligros y riesgos de esta noche; por amor de tu único Hijo, nuestro Salvador Jesucristo. **Amén.** [50]

Cierre No teman, pues yo los he redimido,
Nos llamas por nuestro nombre, y somos tuyos.

Vigilia

Vigilia (Tradicionalmente se observa a medianoche)

Al igual que los monjes y religiosas que rezan las horas, podemos escuchar en la quietud de la noche para reconocer el llamado de Dios.

Entrada   Las tinieblas no son obscuras para ti;
la noche es tal como la luz del día.

Lectura   Aguarda al Señor; esfuérzate,
y aliéntese tu corazón;
sí, aguarda al Señor.   Salmo 27:19 (*Libro de Oración Común*)

Meditación *¿Cómo me sostiene la fidelidad de Dios?*
¿Cómo mantengo mi fe?

Oración   Guíanos, Señor, despiertos,
y guárdanos mientras dormimos;
que despiertos velemos con Cristo,
y dormidos descansemos en paz. **Amén.** [51]

Cierre   Las tinieblas no son obscuras para ti
la noche es tal como la luz del día.

Cuaresma

Hallar modo de observar una santa Cuaresma puede ser difícil, pero si miramos más allá de las nociones populares, correctas o no, la Cuaresma tiene en sí posibilidades para un cambio real, una conversión, si usamos la palabra religiosa, así como posibilidad de un rico y duradero crecimiento espiritual. (La palabra "lent" (Cuaresma, en inglés) viene de la palabra anglo-sajona *lencton*, y refiere a la temporada de primavera durante la cual se alargan los días, hay más luz y el clima se hace más cálido.)

La Cuaresma surge históricamente como una estación de preparación final para las personas qui iban a ser bautizadas en la Gran Vigilia Pascual. La comunidad cristiana entera estaba dedicada a acompañar a los que estaban a punto de comprometer sus vidas a Cristo. A través de los tiempos, la estación obtiene significados adicionales, y muchas personas ahora la asocian con la disciplina de escuchar para apreciar profundamente nuestro propio pecada — como nos quedamos cortos de los ideales que Dios nos da — y la necesidad de continuo arreprentimiento y enmienda de vida.

La alegría de la nueva vida que hemos encontrado en la fe cristiana nunca debe ser abrumada por las dificultades en vivir esta fe o la conciencia de las maneras en que fallamos. Podemos entender la Cuaresma como una oportunidad para fortalecer nuestra vida espiritual. En la Cuaresma, nos damos tiempo para reflexionar de que maneras podemos arrepentirnos, dar vuelta — ser convertidos.

Durante la Cuaresma nosotros como individuos y como iglesia — el cuerpo de Cristo — reflexionamos sobre nuestra salud espiritual. ¿Cómo estamos viviendo la Buena Nueva del Evangelio en nuestras vidas, en nuestros hogares, nuestras iglesias, nuestras comunidades y nuestros lugares de trabajo? ¿Qué áreas de crecimiento o señales de renovación debemos celebrar con gratitud y alegría? ¿De qué maneras nos hemos quedado cortos, o nos hemos estancado, perdido corazón, o fallado en amar a Dios por no recibir nueva vida cuando la encontramos? Este es el tipo de preguntas que nos hacemos durante las semanas de Cuaresma.

Alabanza

Laudes (Tradicionalmente se observa al despertar o al amanecer)

Laudate, omnes gentes, laudate Dominum!
[¡Canten alabanzas, todas las gentes, canten alabanzas al Señor!]
Recibimos el nuevo día con alabanzas al Creador (en la antigüedad, el significado del nombre de esta hora, Laudes, era "alabanza").

Entrada Bendice al Señor
Oh, alma mía.

Lectura Oh Dios, tú eres mi Dios; ardientemente te busco.
Salmo 63:1a (*Dios Habla Hoy*)

Meditación Dios ha dado al mundo el aliento que nutre la tierra. El aliento de Dios vibra en tu respirar y en tu voz. Lo que tú respiras, es el aliento de Dios".
Teófilo de Antioquía [52]

¿Cómo respirará Dios, en este día, a través de mi ser?

Oración Señor, tú lates en nuestros corazones y vives en cada célula de nuestro cuerpo. Todo lo que somos salta de gozo. Doquiera que vamos, sabemos que ahí te encontraremos. Amén. [53]

Salida Bendice al Señor
Oh, alma mía.

Discernimiento

Primera *(Tradicionalmente se observa al comienzo del día)*

Al empezar el día, nos enfocamos en el llamado de una vida fiel, pues, ¿quién sabe lo que traerá este día?

Entrada   Muéstranos en camino
            y nuestros corazones te seguirán.

Oración   O Dios de amor, tú eres el verdadero Sol de la tierra, siempre alumbrando y jamás obscurecido: Rezamos que brilles en nuestros corazones y ahuyentes la obscuridad del pecado y las tinieblas del error. Rezamos podamos, hoy y siempre, andar sin tropiezo en el camino que tú nos has preparado, camino que es Cristo Jesús nuestro Señor; que vive y reina contigo y el Espíritu Santo, un solo Dios en gloria eterna. Amén.[54]

Alabanza   *Conmigo Vaya mi Buen Jesús* [55]
            (La música, si se desea, se halla en *El Himnario*, #358)

Conmigo vaya mi buen Jesús;
conmigo vaya mi buen Jesús;
peregrino voy por el mundo.
Vaya conmigo mi buen Jesús.

Vaya en mis pruebas mi buen Jesús;
vaya en mis pruebas mi buen Jesús,
al sentirme casi vencido.
Vaya conmigo mi buen Jesús.

Conmigo vaya mi buen Jesús;
conmigo vaya mi buen Jesús;
al sentirme desalentado.
Vaya conmigo mi buen Jesús.

       Texto y música: espiritual áfrico-americano; trad. Oscar L. Rodriguez

Lectura El ayuno que a mí me agrada consiste en esto: en que rompas las cadenas de la injusticia y desates los nudos que aprietan el yugo; en que dejes libres a los oprimidos y acabes, en fin, con toda tiranía; en que compartas tu pan con el hambriento y recibas en tu casa al pobre sin techo; en que vistas al que no tiene ropa y no dejes de socorrer a tus semejantes. Entonces brillará tu luz como el amanecer y tus heridas sanarán muy pronto. Tu rectitud irá delante de ti y mi gloria te seguirá. Entonces, si me llamas, yo te responderé; si gritas pidiendo ayuda, yo te diré: "Aquí estoy." Isaías 58:6-9a (*Dios Habla Hoy*)

Meditación "Vivimos una hora de lucha entre la verdad y la mentira, entre la sinceridad, en la que ya casi nadie cree, y la hipocresía y la intriga. No tengamos miedo, hermanos y hermanas; vamos a intentar ser sinceros, amar la verdad; intentemos modelar nuestras vidas en Cristo Jesús. Es tiempo para que tengamos un gran sentido de selección, de discernimiento". Oscar Romero [56]

¿Cómo practicaremos este día el camino de Jesús de amor, justicia y verdad?

Afirmación Creemos que Jesús tomó la forma de un esclavo,
    y por eso, nos comprometemos a servir a los demás.
Creemos que Dios es amor,
    y por eso, nos comprometemos a la reconciliación.
Creemos que Jesús nos da su Espíritu,
    y por eso, nos comprometemos a realizar su
      obra en el mundo.
Creemos que Dios es la luz de la vida,
    y por eso, nos comprometemos a llevar su luz
      en el mundo.
Creemos que el Espíritu habla en nosotros,
    y por eso, nos comprometemos a proclamar
    la buena nueva de la vida abundante
    en este mundo amado por Dios.

Oraciones Dios de amor, en nuestra fe, oramos:
Por la reconciliación entre los que usan violencia
 y quienes son sus víctimas;
 para que descansemos en la paz de Dios.
Por que en todo lugar haya generosidad entre
 ricos y pobres,
 para que compartamos la abundancia de
 la creación de Dios.
Por que se fomente el amor entre los pueblos y
 las naciones;
 para que formemos nuestra vida en común
 como el reino de Dios.
Por respeto mutuo entre immigrantes y los
 que tienen residencia;
 para que reconozcamos la imagen de Dios
 en todos los que vienen a nosotros.
Por protección para el débil y humildad para el fuerte;
 para que sirvamos a los demás como Dios,
 en Jesús, nos sirves.

El pueblo puede añadir sus propias peticiones y acciones de gracias.

Por todas las necesidades y bendiciones en nuestros
 corazones;
 para que vivamos en gozo y en fe.

El Padre Nuestro

Oración Padre celestial, en ti vivimos, nos movemos y tenemos el ser: Te suplicamos humildemente que nos guíes y gobiernes con tu Santo Espíritu, para que en todos los afanes y quehaceres de nuestra vida no te olvidemos, sino que recordemos que siempre caminamos en tu presencia; por Jesucristo Nuestro Señor, **Amén.** [57]

Salida Muéstranos en camino
 y nuestros corazones te seguirán.

Sabiduría

Tercia   (Tradicionalmente se observa a media mañana)

Habiendo pedido dirección y guía, rezamos para estar bien equipados en el resto del camino del día.

Entrada   Reconozcamos la gracia de Dios
y vivamos con alegría este día de salvación.

Oración   Dios de cielos y tierra, tu sabiduría se extiende sobre todo el mundo, ordenando todas las cosas para bien: Libéranos de la ansiedad y compréndenos como un amigo, para que podamos compartir la buena nueva de tu amistad con todas las gentes; por el Verbo encarnado, Jesucristo Nuestro Señor. **Amén.**

Alabanza   *Ven, divino consolador*
Ven, consolador divino
   y espíritu de verdad,
Soplando por todos lados
   y llenando todas las cosas.
Tesoro de bendiciones
   y dador de vida:
Ven y mora en nosotros;
   limpia en nosotros toda impureza,
   y sálvanos en tu gran bondad. [58]

Lectura   Ahora pues, como colaboradores en la obra de Dios, les rogamos a ustedes que no desaprovechen la bondad que Dios les ha mostrado. Porque él dice en las Escrituras: "En el momento oportuno te escuché; en el día de la salvación te ayudé." Y ahora es el momento oportuno. ¡Ahora es el día de la salvación!
                    2 Corintios 6:1-2   (*Dios Habla Hoy*)

Meditación "Todos podemos complacer a Dios. Sólo hay que elegir bien. Muchos van al extranjero a estudiar, buscando el saber en lugares distantes, pero el Reino de Dios siempre está en el aquí y ahora, dondequiera que estés, dentro de tí. Precisamente porque el Reino de Dios está dentro de nosotros, y Dios es nuestro amigo, nuestra salvación sólo requiere nuestro consentimiento".

Atanasio de Alejandría [59]

¿De qué formas estamos dispuestos hoy a aceptar la sabiduría del consejo de Dios?

Oraciones

Cristo en mi mente
  para reconocer la verdad;
Cristo en mis labios
  para hablar con poder;
Cristo en mi corazón
  para recibir el amor;
Cristo en mis manos
  para obrar con ternura;
Cristo en mi alma
  para conocer mis anhelos;
Cristo en mis brazos
  para extenderlos sin temor;
Cristo en mi cara
  para que reluzca en mí la luz de Dios. [60]

El pueblo puede añadir sus propias peticiones y acciones de gracias.

El Padre Nuestro

Oración La sabiduría resplandece con brillo que no desvanece; los que la aman, la descubren fácilmente, y los que la buscan, la encuentran. Ella es el aliento del poder de Dios, imagen de su bondad, luz eterna y reflejo de la gloria divina. Ahora permite que la Sabiduría logre todas las cosas, renueva todas las cosas y quede plantada en todas las almas santas para ponerlas en amistad con Dios. **Amén.** [61]

Salida Reconozcamos la gracia de Dios
y vivamos con alegría este día de salvación.

Perseverancia y Renovación

Sexta (Tradicionalmente se observa a la hora del mediodía)

Al hacer una pausa para dar alimento a nuestros cuerpos al mediodía, alimentamos también nuestras almas para vivir con fe.

Entrada Oh Dios eterno, danos tu fortaleza y renueva nuestras vidas,
y prepara en nosotros la gracia de resurrección.

Oración Dios de misericordia, tu fortaleza y valor se derraman para sostener el testimonio de tu pueblo fiel: Despierta en nosotros la humildad para servir dondequiera que la creación se halle herida o necesitada, para que podamos seguir en el camino de nuestro hermano Jesús, morir como él a todo lo que nos separa de ti, y ser levantados, como él lo fue, a nueva vida. **Amén.** [62]

Alabanza *Un cántico del desierto* (Isaías 35:1-4a *Dios Habla Hoy*)
Que se alegre el desierto, tierra seca; *
 que se llene de alegría, que florezca,
que produzca flores como el lirio, *
 que se llene de gozo y alegría.
Dios lo va a hacer tan bello como el Líbano, *
 tan fértil como el Carmelo y el valle de Sarón.
Todos verán la gloria del Señor, *
 la majestad de nuestro Dios.
Fortalezcan a los débiles, *
 den valor a los cansados,
digan a los tímidos: ¡Ánimo, no tengan miedo! *
 ¡Aquí está su Dios para salvarlos!"

Lectura Entonces los justos preguntarán: "Señor, ¿cuándo te vimos con hambre, y te dimos de comer? ¿O cuándo te vimos con sed, y te dimos de beber? ¿O cuándo te vimos como forastero, y te dimos alojamiento, o sin ropa, y te la dimos? ¿O cuándo te vimos enfermo o en la cárcel, y fuimos a verte?" El Rey les contestará: "Les aseguro que todo lo que hicieron por uno de estos hermanos míos más humildes, por mí mismo lo hicieron."
Mateo 25:37-40 (Dios Habla Hoy)

Meditación "¿Deseas honrar el cuerpo del Salvador? No lo desprecias cuando esté desnudo. No lo honres en la iglesia con ropajes de seda, mientras que afuera lo dejas desabrigado y temblando de frío. Aquél que nos dijo, "Este es mi cuerpo," y lo realizó con su palabra, es el mismo que nos dijo, "Me vieron hambriento, y no me alimentaron. Así como no lo hicieron con el más pequeño de estos, no lo hicieron conmigo." Hónrenlo con compartir lo que tengan con los pobres, pues Dios no necesita que el cáliz sea de oro, sino que el oro esté en el alma".
John Chrysostom [63]

¿Quiénes son los pobres y los desnudos en nuestra vida diaria, y cómo aliviaremos su sufrimiento?

Oraciones Dios de esperanza, ayúdanos a nosotros que luchamos en nuestro trabajo diario.
Cuando perdemos el camino
   renueva la esperanza.
Cuando nos rendimos al odio
   renueva el amor.
Cuando desesperamos del consuelo
   renueva la alegría.
Cuando nos sentimos ofendidos
   renueva el perdón.
Cuando perdemos nuestros valores
   renueva la fe.
Cuando nos aferramos al remordimiento
   renueva la libertad.
Cuando nos vemos desanimados
   renueva la esperanza.
Al aceptar hoy tu amor renovador, te pedimos por lo que necesitamos y te damos gracias:

El pueblo puede añadir sus propias peticiones y acciones de gracias.

Levántanos a nosotros, y a todos los pueblos,
   en tu amor y bondad,
para que nosotros seamos esperanza para los demás.

El Padre Nuestro

Oración Dios de esperanza, fuente de toda bendición y de toda paz: Muéstranos que, en medio de nuestras luchas, tú estás con nosotros. Danos la abundancia de tu gracia para que hagamos la labor que tu nos has dado y para que seamos para el mundo señal de tu presencia; por Cristo, el Camino y la Vida. **Amén.**

Salida O Dios eterno, danos tu fortaleza y renueva nuestras vidas,
y prepara en nosotros la gracia de resurrección.

Amor

Nona (Tradicionalmente se observa a media-tarde)

Al pasar las horas, nos llenan los encuentros del día; ahora, más que nunca, aceptamos la profundad y amplitud de la gracia de Dios.

Entrada Que nuestra ofrenda sea el amor
y que obremos compasión sobre la tierra.

Oración Dios de amor, el día es largo y su carga nos pesa:
Danos la gracia de reconocer tu presencia en las vidas de quienes nos rodean, para que la adversidad no nos abrume, ni el resentimiento nos gane.
Permanece con nosotros, por Cristo Jesús, nuestro Salvador. **Amén.**

Alabanza *El Amor*
El Amor me dio la bienvenida, pero mi alma se apartó culpable de polvo y de pecado.
Pero atento, el Amor, al observar mi entrada vacilante se acercó hasta mí, preguntando con dulzura
qué necesitaba.
"Un huésped – respondí – digno de estar aquí".
El Amor dijo: "Tú lo serás".
- "¿Yo, el cruel, el desagradecido?
Ah, amado mío, no puedo ni siquiera mirarte".
El Amor tomó mi mano y sonriendo replicó:
- "¿Quién hizo tus ojos si no fui yo?"
- "Es verdad, Señor, pero los he dañado.
Deja que mi vergüenza vaya donde merece".
- "¿Acaso no sabes – dijo el Amor –
quién cargó con la culpa?"
- "Querido mío, entonces te serviré".
- "Sólo debes sentarte – dijo el Amor –
y probar mi carne".
Entonces me senté y comí. George Herbert [64]

Lectura   Queridos hermanos, debemos amarnos unos a otros, porque el amor viene de Dios. Todo el que ama es hijo de Dios y conoce a Dios.
1 Juan 4:7 (*Dios Habla Hoy*)

Meditación   "No podemos saber si amamos a Dios, aunque tengamos motivos para así pensarlo, pero no podemos tener duda si amamos o no a nuestro prójimo. Estén seguras que, en proporción a como avanzen en afecto hacia sus hermanas y hermanos, avanzan en su amor a Dios".   Teresa de Ávila [65]

¿A quién nos cuesta trabajo amar el día de hoy? Qué nos costaría dar ese amor?

Oraciones   O Dios, nos llamas con la promesa de tu amor;
Realiza en nosotros nuestro anhelo por ti.
Nos llamas aun cuando te huímos.
Llévanos a entrar en razón.
Tú te deleitas en nosotros y nos muestras
   tu compasión;
Haznos conscientes de las necesidades del mundo.

El pueblo puede añadir sus propias peticiones y acciones de gracias.

Tú nos das el don de tu amor infinito;
Derrama tu amor sobre todo el mundo.

El Padre Nuestro

Oración   Dios de misericordia, regrésanos ahora a trabajar y estar en relación con el mundo fortalecidos con fe y esperanza, y guiados por el amor. Así, tenemos corazón para reconciliar a todas las gentes, creados, redimidos y sostenidos por ti. En el Nombre de Cristo. **Amén.** [66]

Salida   Que nuestra ofrenda sea el amor
y que obremos compasión sobre la tierra.

Perdón

Vísperas (Tradicionalmente se observa al terminar el día, antes del anochecer)

Al terminar el día, recibimos el anochecer al prender luces que alumbrarán nuestro espacio, y pedimos de nuevo el acompañamiento de Dios.

Entrada Siempre que nos perdamos,
guíanos de nuevo al peñasco de tu amor.

Oración Santo Dios, en amor nos creaste, y nombraste nuestro ser como "bueno". Con corazón abierto, te alabamos por tu amor constante. Con manos abiertas, te ofrecemos nuestras labores. Bendícenos y guíanos al atardecer del día; y concede que, por tu gracia, podamos compartir con los demás el amor que recibimos de ti. En el nombre de Dios nuestro Creador, Jesús nuestro hermano, y el Espíritu que ilumina nuestro camino. **Amén.**

Alabanza *Un cántico de la bondad de Cristo* [67]
Jesús, como una madre tu recoges a tu pueblo; *
    eres dulce con nosotros como madre con sus hijos.
A menudo, lloras por nuestros pecados y
    nuestro orgullo, *
    y con ternura nos alejas de los odios y el perjuicio.
Nos consuelas en nuestra pena, y vendas
    nuestras heridas, *
    en la enfermedad nos cuidas, y con leche pura
    nos alimentas.
Jesús, en tu muerte encontramos la vida eterna *
    en tu sufrimiento y angustia nos concedes la paz.
La desesperación se hace esperanza por tu
    dulce bondad *
    y con gentileza nos consuelas en el miedo.
Tu calor da vida a los muertos, *
    tu tocar hace justo al pecador.

Señor Jesús, en tu misericordia, sánanos; *
en tu amor y ternura, renuévanos.
En tu compasión, tráenos tu gracia y tu perdón, *
y que tu amor nos prepare para la belleza del cielo.

(Anselmo de Canterbury)

Lectura Óiganme todos los que quieren vivir con rectitud y me buscan — dice el Señor. Miren la roca de donde fueron cortados, la cantera de donde fueron sacados. Yo seré bondadoso con Sión, la ciudad que estaba toda en ruinas. Convertiré las tierras secas del desierto en un jardín, como el jardín que el Señor plantó en Edén. Allí habrá felicidad y alegría, cantos de alabanza y son de música. Isaías 51:1,3 (*Dios Habla Hoy*)

Meditación "Esto es lo único que pido de tu extrema bondad. Que me conviertas plenamente a ti y que no permitas que nada me impida hacer mi camino hacia ti". San Agustín

¿Qué debemos dejar atrás que esté impidiendo nuestro camino a Dios?

Confesión Señor Jesús, tú entras en nuestras vidas
cuando menos estamos listos para recibirte.
Del mismo modo que perdonaste a quienes
 te traicionaron,
perdónanos a nosotros ahora cuando nos cuesta
 trabajo amar.
Reconcílianos con nuestros hermanas y hermanos,
y, por tu amor,
perdona nuestros pecados.

Declaración del Perdón Salmo 103:8-13 (*Dios Habla Hoy*)
El Señor es tierno y compasivo;
 es paciente y todo amor.
No nos reprende en todo tiempo
 ni su rencor es eterno;
no nos ha dado el pago que merecen
 nuestras maldades y pecados;

tan inmenso es su amor por los que lo honran
como inmenso es el cielo sobre la tierra.
Nuestros pecados ha alejado de nosotros,
como ha alejado del oriente el occidente.
El Señor es, con los que lo honran,
tan tierno como un padre con sus hijos;

Oraciones   Por todo lo que hoy hemos realizado,
bendecimos el nombre de Dios.
Por esta hora, cuando volvemos del trabajo al hogar
bendecimos el nombre de Dios.
Por las labores que no pudimos terminar
invitamos el amor de Dios.
Por las heridas que causamos o recibimos
invitamos el amor de Dios.
Por las esperanzas y pendientes de mañana
invitamos el amor de Dios.
Por el don de estar presentes en esta hora
pedimos la gracia de Dios.
Por confiar que el amor de Dios es lo único
que necesitamos
pedimos la gracia de Dios.

El pueblo puede añadir sus propias peticiones y acciones de gracias.

Por estas acciones de gracias y las preocupaciones
de nuestros corazones
encontramos en Dios nuestra esperanza.

El Padre Nuestro

Oración   Santo Dios, bendecimos tu nombre y te damos gracias por el don de este día: Que la Luz del mundo nos guíe, la Vida del mundo nos refresque, y la Esperanza del mundo nos acompañe para que seamos en el mundo el poder de reconciliación de Cristo Jesús. Esto lo pedimos por tu compasión. **Amén.**

Salida   Siempre que nos perdamos,
guíanos de nuevo al peñasco de tu amor.

Confianza

Completas (Tradicionalmente se observa justo antes de la hora de acostarse)

Resumimos el día con oraciones antes de acostarnos para examinar nuestra consciencia y ofrecer nuestras acciones frente a Dios.

Entrada   Oh Dios, danos la gracia de contar contigo:
y que siempre confiemos en tu bondad.

Oración   Presencia divina, guía y destino, tú vas frente a nosotros y esperas nuestra llegada. Sólo nuestra sed nos lleva a conversar, en vez de quejarnos, y a compartir, en vez de rechazar. Derrama tu amor en nuestros corazones para que, refrescados y renovados, podamos invitar a los demás a las aguas vivientes que hos han sido dadas en Cristo Jesús nuestro Salvador. **Amén.** [68]

Alabanza   *¡Oh! Amor, que no me dejarás*
(De desearlo, la música puede hallarse en *El Himnario* #348)

¡Oh! Amor que no me dejarás, descansa mi alma siempre en ti;
es tuya, y tú la guardarás, y en el océano de tu amor más rica al fin será.

¡Oh! Luz que en mi sendero vas, mi antorcha débil rindo a ti;
su luz apaga el corazón, seguro de encontrar en ti más bello resplandor.

¡Oh! Gozo que a buscarme aquí viniste con mortal dolor;
tras la tormenta el arco vi, y ya el mañana yo lo sé, sin más dolor será.

        ¡Oh! Cruz que miro sin cesar, mi orgullo, gloria y vanidad,
al polvo dejo, por hallar la vida que en su sangre dio Jesús, mi Salvador.

Texto: George Matheson; trad. Vicente Mendoza 69

Lectura   El Señor, el Dios Santo de Israel, dice: "Vuelvan, quédense tranquilos y estarán a salvo. En la tranquilidad y la confianza estará su fuerza." Pero el Señor los espera, para tener compasión de ustedes; él está ansioso por mostrarles su amor, porque el Señor es un Dios de justicia. ¡Dichosos todos los que esperan en él!

Isaías 30:15a, 18 (Dios Habla Hoy)

Meditación   Las aves han desaparecido en el cielo,
y ahora la última nube se ha ido.

Sentados juntos, el monte y yo,
hasta que sólo el monte permanece.
Li Po, poeta, siglo VIII

¿Qué debemos confiar con esta seguridad a la gracia de Dios?

Oración   Dios paciente y compasivo,
Tanto deseamos confiar en tu amor.
Escucha nuestro anhelo.
Esperamos tu sanación en nuestras vidas:

El pueblo puede añadir sus propias peticiones y acciones de gracias.

Escucha nuestra oración.
Escucha nuestros anhelos sagrados.
Confesamos impaciencia y ansiedad.
Buscamos tu gracia.

El Padre Nuestro

Oración Oh Dios y Señor de nuestras vidas: Libéranos del espíritu de la pereza, del mal hablar, de la timidez, y de la codicia del poder; y concédenos, tus siervos, un espíritu de integridad, humildad, paciencia y amor. Dios Soberano, danos la capacidad de reconocer nuestras faltas y defectos y de no juzgar a los demás; pues tú eres bendito, por los siglos de los siglos. **Amén.** [70]

Salida Oh Dios, danos la gracia de contar contigo: y que siempre confiemos en tu bondad.

Vigilia

Vigilia (Tradicionalmente se observa a medianoche)

Al igual que los monjes y religiosas que rezan las horas, podemos escuchar en la quietud de la noche para reconocer el llamado de Dios.

Entrada Está presente conmigo, Santo Dios,
mientras espero contigo.

Lectura En ti estaré protegido, Dios mío, pues tú eres mi fortaleza y protección. <small>Salmo 59:9 (Dios Habla Hoy)</small>

Meditación *¿Dónde necesito la fortaleza de Dios?*

Oración Vela, amantísimo Señor, con los que trabajan, o velan, o lloran esta noche. A tus ángeles manda que guarden a los que duermen. Cuida a los enfermos, Cristo Señor; otorga descanso a los cansados, bendice a los moribundos, consuela a los que sufren, compadécete de los afligidos, escuda a los gozosos. Todo este te pedimos por tu gran amor. **Amén.** [71]

Cierre Está presente conmigo, Santo Dios,
mientras espero contigo.

Semana Santa

El tema de la Semana Santa es la pasión de Jesús: su sufrimiento y su muerte en la cruz. Los ritos de Semana Santa son el fundamento y corazón del año cristiano, y en verdad son fundamento y corazón de nuestra fe. Así, para muchos de nosotros, año tras año estos son los ritos de la iglesia de más profundo significado y posibilidad de transformación.

Es de vital importancia el mantener amplitud de perspectiva durante esta semana. Caminamos a través de los días del sufrimiento y muerte de Jesús, porque creemos que tuvieron propósito — la salvación del mundo. Creemos que la muerte de Jesús venció la muerte misma para bien de todos nosotros: y esa es la única razón que ese viernes en que murió es "santo."* Aun cuando nos entristecemos por la solemne lectura de las historias en el evangelio que narran la muerte de Jesús, y de igual manera nos entristece la realidad de la violencia que continúa existiendo sobre la tierra, desde ese día en Jerusalén hasta el Viernes Santo de hoy, vivimos en la fe que, en Jesús, Dios ha realizado una nueva creación, y la muerte misma ha sido vencida. Como el apóstol San Pablo nos dice, "por el bautismo fuimos sepultados con Cristo, y morimos para ser resucitados y vivir una vida nueva, así como Cristo fue resucitado por el glorioso poder del Padre". (Romanos 6:4, *Dios Habla Hoy*)

---

* Nota del traductor: en inglés, el Viernes Santo se designa "Good Friday", es decir, "Viernes Bueno" – por tanto en inglés, el sentido es que este día sólo es "bueno" por lo que logra el propósito de la muerte de Jesús, vencer la muerte para todos.

Alabanza

Laudes (Tradicionalmente se observa al despertar o al amanecer)

Laudate, omnes gentes, laudate Dominum!
[¡Canten alabanzas, todas las gentes, canten alabanzas al Señor!]
Recibimos el nuevo día con alabanzas al Creador
(en la antigüedad, el significado del nombre de esta hora,
Laudes, era "alabanza").

Entrada   Halla luz o tinieblas,
bendigo tu Nombre, Santo Señor.

Lectura   Amo al Señor, pues ha oído mi voz y mi súplica.
Salmo 116:1a *(Libro de Oración Común)*

Meditación *¿Qué le ofrezco a Dios en esta hora?*

Oración   Oh Santo Dios, no importa lo que venga este día, sólo permíteme buscarte con confianza y con fe. **Amén.**

Salida   Halla luz o tinieblas,
bendigo tu Nombre, Santo Señor.

Discernimiento

Primera (Tradicionalmente se observa al comienzo del día)

Al empezar el día, nos enfocamos en el llamado de una vida fiel, pues, ¿quién sabe lo que traerá este día?

Entrada Nos llamas a la rectitud, oh Señor.
Concédenos responder con justicia.

Oración Dios de amor constante, luz de los ciegos y liberador de los oprimidos, la tierna compasión de Jesús nos permite ver tu santo propósito, y nos llama a vivir en nueva fraternidad contigo: Concede que nosotros que nos refugiamos en la sombra de tus alas nos llenemos de la gracia de su tierno cuidado, y que los que tropezamos en la obscuridad veamos tu gloria en la luz de su entrega; esto lo pedimos por aquel cuyo sufrimiento es victoria, Jesucristo Nuestro Señor. **Amén.** [72]

Alabanza *Porque él venció*
(De desearlo, la música puede hallarse en Libro de Liturgia y Cántico, #478)[73]

1. Porque él venció en la muerte la conjura
de las malignas fuerzas de la historia,
seguimos no a un héroe ni a un mártir,
seguimos al Señor de la victoria.

Porque él al pobre levantó del lodo
y rechazó el halago del dinero,
sabemos dónde están nuestras lealtades
y a quién habremos de servir primero

Porque él habló de cruz y la cargaba,
de senda estrecha y la siguió sin pausa,
seguir sus huellas es nuestro camino,
con él sembrarnos: ésa es nuestra causa.

2. Porque él habló del Reino sin cansancio
y nos llamó a buscarlo una y mil veces;
debemos hoy entre mil reinos falsos
buscar el único que permanece.

Porque él es el Señor del universo
principio y fin del mundo y de la vida,
nada ni nadie usurpará su trono
ni detendrá su triunfo y su venida.

Por eso, pueblos de esta tierra hermosa,
que han conocido siglos de opresiones,
afirmen sus espaldas agobiadas,
y eleven al Señor sus corazones

3. Y todos los cristianos, sin distingos,
que hemos usado en vano el nombre santo,
enderecemos presto los caminos,
antes que nuestras risas se hagan llanto.

Porque él vendrá por sendas conocidas
o por ocultos rumbos ignorados,
y hará justicia a pobres y oprimidos
y destruirá los antros del pecado

Y entonces sí, la iglesia verdadera,
la que dio santos, mártires, testigos,
y no inclinó su frente ante tiranos,
ni por monedas entregó a sus hijos.

4. Ha de resplandecer con esa gloria,
que brota no del oro ni la espada,
pero que nace de esa cruz de siglos
en el oscuro Gólgota enclavada.

Al Padre gloria, gratitud al Hijo
y al Santo Espíritu la alabanza.
Vayamos hoy al mundo sostenidos
por el amor de Cristo y su esperanza.

Texto: Federico Pagura

Lectura "Aquí está mi siervo, a quien sostengo, mi elegido, en quien me deleito. He puesto en él mi espiritu para que traiga la justicia a todas las naciones. No gritará, no levantará la voz, no hará oir su voz en las calles, no acabará de romper la caña quebrada ni apagará la mecha que arde débilmente. Verdaderamente traerá la justicia. No descansará ni su ánimo se quebrará, hasta que establezca la justicia en la tierra. Los países del mar estarán atentos a sus enseñanzas." IsaIas 42:1-4 (*Dios Habla Hoy*)

Meditación Debemos pues prepararnos. Nuestra jornada requiere una fe rejuvenecida. Debemos mantener un alto nivel, y depender del Evangelio para que nos guíe. El Evangelio nos ayudará a seguir a Cristo y a acercarnos más a él, para estar prestos a vivir con Jesús en su reino celestial. De la *Regla de San Benito de Luján*

¿Dónde necesita nuestra fe ser rejuvenecida?
¿Cómo permitiremos que nos guíe el Evangelio?

Afirmación Como hijas e hijos de Dios, afirmamos:
Que Dios, que es Amor, lo creó todo y vió que todo
   era bueno,
que Dios está presente con toda la creación, y que,
en la luz y en las tinieblas, Dios es fiel;
por lo tanto nosotros también, buscamos ser fieles.

Que Jesús vino a mostrarnos el Amor en un rostro
   humano,
que predicó justicia y reconciliación y que sufrió
   por nosotros,
y que, por su ejempli fiel, el encarna la esperanza;
por lo tanto nosotros también,
buscamos ser pueblo de justicia, reconciliación y
   esperanza.

Que el Espíritu Santo nos guía y acompaña,
que ese mismo Espíritu nos ofrece sabiduría y
   discernimiento,

y que, cuando estamos abiertos a recibirlo,
el Espíritu siempre puede encontrar camino;
por lo tanto, buscamos ser pueblo lleno del Espíritu de Dios:
discerniendo, amando, y transformando al mundo.
Amén.

Oraciones Jesús, fiel siervo de Dios,
a veces nos cuesta trabajo saber cómo ser fieles:
Ayúdanos a discernir tu voluntad y seguirte con alegría.
Jesús, fiel siervo de Dios,
en esta, la más santa de las semanas, vemos el mundo quebrantado:
Ayúdanos a ser un pueblo que fielmente aboga por justicia.
Jesús, fiel siervo de Dios,
sabemos que el mundo anhela sanación:
Ayúdanos ser pueblo de esperanza y mensajeros de la luz.
Jesús, fiel siervo de Dios,
anhelamos ser el pueblo que tú anhelas ver en nosotros.
Ayúdanos a andar en tu camino de amor.

El pueblo puede añadir sus propias peticiones y acciones de gracias.

El Padre Nuestro

Oración Dios de amor, al buscar conocer y seguirte mas fielmente, rezamos abras nuestros corazones y los llenes del amor y conocimiento de tu hijo Jesús. Que veamos con más y más claridad el propósito para el cual nos llamas, y que respondamos con vidas de justicia y alegría. **Amén.**

Salida Nos llamas a la rectitud, oh Señor.
Concédenos responder con justicia.

Sabiduría

Tercia   Tradicionalmente se observa a media mañana)

Habiendo pedido dirección y guía, rezamos para estar bien equipados en el resto del camino del día.

Entrada   Enséñanos a buscar tu sabiduría
al abrazar la generosidad de tu amor.

Oración   Santo Dios inmortal, desde los primeros tiempos
nos has nombrado y llamado al discipulado:
Enséñanos a seguir a Aquel cuya luz disipa la
obscuridad de nuestro mundo, para que caminemos
siempre como hijos e hijas de la luz. **Amén.** [74]

Alabanza   *Oh cruz fiel y venerable*
(De desearlo, la música puede hallarse en *Flor y Canto*, #128,
o en *The Hymnal* 1982 #166)

¡Oh cruz fiel y venerable!
Árbol noble del perdón;
sin igual es tu follaje,
sin igual tu fruto y flor.
Dulce leño, dulces clavos,
que sostienen al Señor.

Ya termina la gran obra,
que su amor determinó
encarnado, para darnos
vida eterna y salvación;
ofreciendo el cuerpo y sangre,
en el lecho de la Cruz.

Letra: *Honorius Fortunatus* (540-600?);
trans. after John Mason Neale (1818-1866)

Lectura   El mensaje de la muerte de Cristo en la cruz parece una tontería a los que van a la perdición; pero este mensaje es poder de Dios para los que vamos a la salvación. Como dice la Escritura: "Haré que los sabios pierdan su sabiduría y que desaparezca la inteligencia de los inteligentes." Pues lo que en Dios puede parecer una tontería, es mucho más sabio que toda sabiduría humana; y lo que en Dios puede parecer debilidad, es más fuerte que toda fuerza humana. 1 Corintios 1: 18-19, 25 (*Dios Habla Hoy*)

Meditación "El hacer de esta historia algo que no espante, ni asombre, ni aterrorize, ni excite, ni inspire a cualquier alma viviente, es crucificar de nuevo al Hijo de Dios". Dorothy Sayers (1893-1957)

¿Dónde buscamos la valentía y sabiduría para proclamar el evangelio en su plenitud?

Oraciones Dios de misericordia,
Haznos sabios con tu amor insensato.
Dios de salvación,
Abre nuestros ojos de nuevo para ver el poder de tu gracia.
Dios de todos los que buscan seguirte,
Guíanos en tu fiel camino .

El pueblo puede añadir sus propias peticiones y acciones de gracias.

El Padre Nuestro

Oración Cristo Señor nuestro, tu rehusaste el camino de la dominación y moriste la muerte de un esclavo: Concede que nosotros también rehusemos el dominar a los demás, sino que compartamos la responsabilidad de la autoridad para que todos vivamos en armonía; por tu santo Nombre. **Amén.** [75]

Salida Enséñanos a buscar tu sabiduría
al abrazar la generosidad de tu amor.

Perseverancia y Renovación

Sexta (Tradicionalmente se observa a la hora del mediodía)

Al hacer una pausa para dar alimento a nuestros cuerpos al mediodía, alimentamos también nuestras almas para vivir con fe.

Entrada Dios mío, ¡ven a librarme!
Señor, ¡ven pronto en mi ayuda!
(Salmo 70:1, Dios Habla Hoy)

Oración Bendito Salvador, en esta hora colgabas en la cruz, extendiendo tus brazos amorosos: Concede que todos los pueblos de la tierra miren hacia ti y sean salvos; por tu entrañable misericordia. **Amén.** [76]

Alabanza *Mira sus manos*
(Si se desea, música puede hallarse en *El Himnario*, #143)

1. Mira sus manos por ti llagadas,
míralas siempre, tendrás valor;
serán el norte de tus pisadas;
mira las manos del Redentor.

2, Mira sus manos y tendrás vida,
álzate, Iglesia, ve tu blasón;
su grey en ellas tiene esculpida
nadie arrebata su posesión.

3. Mira sus manos, pobre culpable
quieren limpiarte de tu maldad;
venga el enfermo, el miserable;
en ellas tienen la sanidad.

4. Mira sus manos, colman de bienes;
están dispuestas a bendecir;
sostén y ayuda en ellas tienes,
míralas siempre en tu vivir.

Texto: Ramón Bon, alt.

Lectura	Porque yo [Pablo] recibí esta tradición dejada por el Señor, y que yo a mi vez les transmití: Que la misma noche que el Señor Jesús fue traicionado, tomó en sus manos pan y, después de dar gracias a Dios, lo partió y dijo: "Esto es mi cuerpo, que muere en favor de ustedes. Hagan esto en memoria de mí." Así también, después de la cena, tomó en sus manos la copa y dijo: "Esta copa es la nueva alianza confirmada con mi sangre. Cada vez que beban, háganlo en memoria de mí." De manera que, hasta que venga el Señor, ustedes proclaman su muerte cada vez que comen de este pan y beben de esta copa. 1 Corintios 11:23-26 (*Dios Habla Hoy*)
Meditación	"El alma necesita vivir en la esperanza". Beatrijs de Nazaret (1200-1268), *Seven Manners of Living* ¿Dónde necesitamos alimento y esperanza en esta hora? ¿En esta semana?
Oraciones	Dios amado, tú sabes to que es cargar carga pesada: **Ayúdanos a encomendarte nuestras cargas.** Santo Dios, tú recorriste caminos retorcidos: **Ayúdanos a reconocer lo sagrado en toda parte de nuestras vidas.** Dios de gracia, hay tantos que sufren de hambre y sed en nuestro mundo: **Fortalécenos para servir, para que seamos vino y pan para los demás.** Dios amado, al regresar a las labores del día: **Tómanos de la mano, y guíanos.** *El pueblo puede añadir sus propias peticiones y acciones de gracias.*

El Padre Nuestro

Oración   Eterno Dios, en el compartir del pan, tu hijo Jesucristo estableció una nueva alianza para todos los pueblos, y en el lavado de pies nos mostró la dignidad de servir a los demás: Concede que, en el poder del Espíritu Santo, estas señas de nuestra vida en la fe hablen de nuevo a nuestros corazones, alimenten nuestro espíritu, y refresquen nuestro cuerpo. **Amén.** [77]

Salida   Dios mío, ¡ven a librarme!
Señor, ¡ven pronto en mi ayuda!
(Salmo 70:1, *Dios Habla Hoy*)

Amor

Nona (Tradicionalmente se observa a media-tarde)

Al pasar las horas, nos llenan los encuentros del día; ahora, más que nunca, aceptamos la profundad y amplitud de la gracia de Dios.

Entrada Oh Dios, derramas tu amor sobre nosotros. Haznos pueblo de abundante amar.

Oración Santo Dios, amador de nuestras almas, venimos frente a ti como pueblo creado para y por el amor: Recógenos en este tiempo para escuchar de nuevo tu palabra de amor, y para renovar nuestra confianza en su amplitud y profundidad. En la ofrenda de tu amor por nosotros, que hallemos renovación y seamos tu amor en el mundo. **Amén.**

Alabanza *Tenemos esperanza*
(De desearlo, la música se puede encontrar en *Libro de Liturgia y Canto*, #458)

1. Porque él entró en el mundo y en la historia;
porque él quebró el silencio y la agonía;
porque llenó la tierra de su gloria;
porque fue luz en nuestra noche fría;
porque él nació en un pesebre obscuro;
porque vivió sembrando amor y vida;
porque partió los corazones duros;
y levantó las almas abatidas.

Estribillo:
Por eso es que hoy tenemos esperanza;
por eso es que hoy luchamos con porfía;
por eso es que hoy miramos con confianza
el porvenir en esta tierra mía.
Por eso es que hoy tenemos esperanza;
por eso es que hoy luchamos con porfía;
por eso es que hoy miramos con confianza;
el porvenir.

2. Porque atacó a ambiciosos mercaderes;
y denunció maldad e hipocresía;
porque exaltó a los niños, las mujeres;
y rechazó a los que de orgullo ardían;
porque él cargó la cruz de nuestras penas;
y saboreó la hiel de nuestros males;
porque aceptó sufrir nuestra condena
y así morir por todos los mortales. *Estribillo*

Porque una aurora vió su gran victoria
sobre la muerte, el miedo, las mentiras;
ya nada puede detener su historia,
ni de su reino eterno la venida. *Estribillo*

Texto: Federico Pagura

Lectura Seis días antes de la Pascua, Jesús fue a Betania, donde vivía Lázaro, a quien él había resucitado. Allí hicieron una cena en honor de Jesús; Marta servía, y Lázaro era uno de los que estaban a la mesa comiendo con él. María trajo unos trescientos gramos de perfume de nardo puro, muy caro, y perfumó los pies de Jesús; luego se los secó con sus cabellos. Y toda la casa se llenó del aroma del perfume.

Juan 12:1-3 (*Dios Habla Hoy*)

Meditación Mira
lo que pasa con la balanza
cuando el amor
la toma.
Deja
de
medir.

Kafir (c.1440-1518) [78]

¿Donde podríamos, esta semana, amar sin medir?

Oraciones   Jesús, Santo Hijo de Dios,
Tú encarnas el amor para nosotros.
Jesús, Santo Hijo de Dios,
Tú aceptaste el amor de todos los que te lo ofrecieron.
Jesús, Santo Hijo de Dios,
Reconocemos que necesitamos tu amor.

Enséñanos, te pedimos,
**La valentía para tanto dar como recibir el amor,
la humildad para reconocer que no hemos amado bien, y
la fe para confiar que con tu amor nos basta.**

El pueblo puede añadir sus propias peticiones y acciones de gracias.

El Padre Nuestro

Oración   Espíritu Santo, llenanos con amor divino.
Líbranos de todo lo que resiste amar y ser amados.
Capacítanos para amar como lo hizo Jesús; en cuya Santo Nombre rezamos. **Amén.**

Salida   Oh Dios, derramas tu amor sobre nosotros.
Haznos pueblo de abundante amar.

Perdón

Vísperas (Tradicionalmente se observa al terminar el día, antes del anochecer)

Al terminar el día, recibimos el anochecer al prender luces que alumbrarán nuestro espacio, y pedimos de nuevo el acompañamiento de Dios.

Entrada En la plenitud de nuestra humanidad,
sánanos, divino Salvador.

Oración Santo Dios, en cada generación llamas a tu pueblo a enfrentar la brutalidad del pecado y la traición: Concede que permanezcamos constantes y fieles aun en el miedo y la ansiedad, para que sigamos donde Jesús ha marcado el camino. **Amén.**[79]

Alabanza *Jesús, tú reuniste*
(Música, si se desea, se encuentra en *El Himnario*, #136)

Jesús, tú reuniste a tus amigos,
lavaste sus pies humildemente;
después los enviaste a los peligros
de un mundo inhumano e incoherente.

También pediste que este tu ejemplo
lo repitamos y, que a nuestra vez,
salgamos todos de tu santo templo,
vayamos a otros a lavar sus pies.

Ven a lavarnos los pies adoloridos
de los que caminamos por la vida;
y con tus manos calma las heridas
de los que sufren o están perdidos.

Señor, que nuestros pies, así lavados
en aguas transparentes de tus fuentes,
conduzcan a la cura del pecado,
hermosos, sobre montes, resplandentes.

Letra y música: Jaci Maraschin, (C); trad. José á. Valenzuela, (c)

Lectura En ese mismo momento, mientras Pedro aún estaba hablando, cantó un gallo. Entonces el Señor se volvió y miró a Pedro, y Pedro se acordó de que el Señor le había dicho: "Hoy, antes que el gallo cante, me negarás tres veces." Y salió Pedro de allí y lloró amargamente. Lucas 22: 60b-62 (*Dios Habla Hoy*)

Meditación [Dios dice:] "No importa lo que hayas hecho, te amo por quien eres. Ven a mí con tu miseria y con tus pecados, con tus penas y con tus necesidades, y con todo tu anhelo de ser amada. Yo estoy en el umbral de tu corazón, tocando la puerta. Ábrete a mí, pues estoy sediento por tí".
Madre Teresa (1910-1997) [80]

¿En qué parte de nuestra vida anhelamos, en esta hora, ser amados y perdonados?

Confesión Somos humanos: intentamos amar, pero a menudo fallamos.
Jesús, confesamos que no siempre respondemos cuando nos llamas a ser mensajeros de tu luz en el mundo.
Aunque deseamos el amor, demasiadas veces fallamos en recibirlo o en ofrecerlo.
Ayúdanos a dejar atrás nuestras faltas.
Renueva nuestros corazones.
Llénanos una vez más de tu amor. Amén.

Declaración del Perdón
Dios nos dice: "Te amo por quien eres".
Recibe una vez más ese amor y protección.
Jesús nos invita a recoger de nuevo nuestras vidas y a andar en amor.

Oraciones	Dios de amor extravagante, transfórmanos con la libertad del perdón. Dios de amor sin límites, ofrecido en ofrenda, enséñanos a darnos a nosotros mismos para servir con alegría. Dios cuyo amor persiste aun en las tinieblas. **Profundiza nuestra fe, renueva nuestros espíritus y fortalece nuestra confianza en ti,** para que podamos aprender a andar en ofrenda de amor. *El pueblo puede añadir sus propias peticiones y acciones de gracias.*

El Padre Nuestro

Oración	Cristo, nuestra víctima, cuya hermosura fue desfigurada sobre la cruz: Extiende tus brazos para abarcar nuestro mundo torturado, para que no apartemos nuestra mirada, sino que nos abandonemos a tu misericordia. **Amén.** [81]
Salida	En la plenitud de nuestra humanidad, sánanos, divino Salvador.

Confianza

Completas (Tradicionalmente se observa justo antes de la hora de acostarse)

Resumimos el día con oraciones antes de acostarnos para examinar nuestra consciencia y ofrecer nuestras acciones frente a Dios.

Entrada   En tus manos encomendamos nuestras almas,
Pues tú nos has redimido, oh Dios de la verdad.

Oración   Cristo nuestro Dios, tu amor se derrama en tu muerte por nosotros: Cárganos en tus brazos mientras esperamos el alborar de la Pascua. Consuélanos con la promesa que no existe poder sobre la tierra, ni siquiera la muerte, que nos pueda separar de tu amor; y fortalécenos para esperar hasta verte revelado en toda la gloria de tu resurrección. **Amén.** [82]

Alabanza   *Jesucristo, conmigo está*
(Músida, si se desea, se halla en Lift Every Voice and Sing II, #70; Wonder, Love and Praise, #805.)

Jesucristo, conmigo está;
Jesucristo, conmigo está;
Donde toda la jornada,
Dios, Jesucristo conmigo está.

En la lucha, conmigo está;
en la lucha, conmigo está.
Cuando el fin y las tinieblas,
Dios, Jesucristo conmigo está;

En mis penas, conmigo está;
en mis penas, conmigo está.
Cuando el corazón me duele,
Dios, Jesucristo conmigo está.

Texto: tradicional áfrico-americano,
trad. al español por Patricia Millard

Lectura   Jesús gritó con fuerza y dijo: "¡Padre, en tus manos encomiendo mi espíritu!" Y al decir esto, murió.
Lucas 23:46a (Dios Habla Hoy)

Meditación Poco a poco, Dios crece en nosotros en más y más gracia, porque Dios quiere ser visto y buscado. Dios quiere ser esperado, y anhela nuestra confianza y nuestra fe.
Juliana de Norwich (1342-1420), Revelaciones

Jesús encomendó su alma al cuidado de Dios.
¿Qué deberíamos encomendar a Dios en esta hora?

Oraciones   Santo Dios, amigo de los desamparados,
Profundiza nuestra confianza en tu fidelidad.
Jesús, nuestro hermano, amándonos aun en la muerte,
Anda con nosotros mientras que crecemos en confianza y amor.
Espíritu Santo, fuente de toda vida,
Danos ojos para ver tu gloria
y corazones que anhelan por tu gracia.

El pueblo puede añadir sus propias peticiones y acciones de gracias.

El Padre Nuestro

Oración   Eterno Dios, roca y refugio: Junto con raíces que han envejecido en la tierra, junto con ríos que se han secado, y con flores que en el campo se han marchitado, esperamos liberación y renovación. Quédate con nosotros hasta que hayemos vida en el alborar de tu gloria. **Amén.** [83]

Cierre   En tus manos encomendamos nuestras almas,
Pues tú nos has redimido, oh Dios de la verdad.

Vigilia

Vigilia (Tradicionalmente se observa a medianoche)

Al igual que los monjes y religiosas que rezan las horas, podemos escuchar en la quietud de la noche para reconocer el llamado de Dios.

Entrada Señor Jesús, mientras espero, rezando, quédate aquí conmigo.

Lectura Jesús les dijo: --Siento en mi alma una tristeza de muerte. Quédense ustedes aquí, y permanezcan despiertos. Mark 14:34 (*Dios Habla Hoy*)

Meditación ¿Qué estoy esperando en esta hora? ¿Qué debo rezar?

Oración Jesús, tú llevas las penas de mi vida como parte de tu sufrimiento. Te ofrezco toda la pena y ansiedad con que cargo en esta hora: que sean transformadas por tu amor. **Amén.**

Cierre Señor Jesús, mientras espero, rezando, quédate aquí conmigo.

Pascua

La Pascua es la celebración más antigua del año cristiano. No es sólo un día, sino toda una temporada. La Pascua dura cincuenta días, desde el Domingo de Pascua (Domingo de Resurrección) hasta el Día de Pentecostés. Esta temporada también incluye la festividad de la Ascensión, cuando el Jesús resucitado ascendió a los cielos, para ya no ser visto sobre la tierra. A través del año, cada Domingo, día que los cristianos han designado "el primer día de la semana", se considera como una Pascua pequeña (incluso durante la Cuaresma), una pequeña celebración de la resurrección. El tema principal de la Pascua es la resurrección: en este día, Jesús fue levantado de entre los muertos, sobreponiéndose al poder de la muerte y el sepulcro. Celebramos pues, que nosotros en nuestro Bautismo también somos levantados, junto con él, a la vida eterna.

El Día de Pentecostés celebramos la llegada del Espíritu Santo y la vida que ha derramado sobre y dentro de la Iglesia hasta nuestros días. Es el Espíritu que alienta vida en el Cuerpo de Cristo, la Iglesia, y es el Espíritu que ofrece los dones y la guía que necesitamos para sostener nuestras vidas. Durante cada Eucaristía, rezamos que el Espíritu Santo santifique el pan y el vino de la comunión para ser "El Cuerpo y la Sangre de tu Hijo, la santa comida y la santa bebida de la vida en él que no tiene fin". También rezamos que el Espíritu nos santifique a nosotros, para que seamos perseverantes en servir a Dios "en paz y unidad". Es el Espíritu Santo que realiza que Dios esté vivo y presente en nuestros corazones.

Alabanza

Laudes   (Tradicionalmente se observa al despertar o al amanecer)

Laudate, omnes gentes, laudate Dominum!
[¡Canten alabanzas, todas las gentes, canten alabanzas al Señor!]
Recibimos el nuevo día con alabanzas al Creador
(en la antigüedad, el significado del nombre de esta hora,
Laudes, era "alabanza")

Entrada   ¡Aleluya! ¡Cristo ha resucitado!
¡Es verdad! ¡Cristo ha resucitado! ¡Aleluya!

Lectura   Por lo tanto, el que está unido a Cristo es una nueva persona. Las cosas viejas pasaron; se convirtieron en algo nuevo.   2 Corintios 5:17 (*Dios Habla Hoy*)

Meditación   *Este día, ¿como viviré con alegría en la nueva creación de Dios?*

Oración   Al alborar el día, mi oración:
Señor resucitado, sé mi luz, mi vida y mi esperanza.
Ven: alumbra mis tinieblas y tráeme vida por
   tu vida. **Amén.**

Salida   ¡Aleluya! ¡Cristo ha resucitado!
¡Es verdad! ¡Cristo ha resucitado! ¡Aleluya!

Discernimiento

Primera   (Tradicionalmente se observa al comienzo del día)

Al empezar el día, nos enfocamos en el llamado de una vida fiel, pues, ¿quién sabe lo que traerá este día?

Entrada   ¡Aleluya! Oh Dios, que el sepulcro vacío
llene nuestros corazones de fe. ¡Aleluya!

Oración   Jesús, nuestro camino, nuestra verdad y nuestra vida: Al desenvolverse el don de este nuevo día, te pedimos abras nuestros corazones y nuestras mentes hacia ti, para que podamos verte con claridad y seguir por donde tú nos guías; a ti, Salvador resucitado, ofrecemos nuestra alabanza, ahora y siempre. **Amén.**

Alabanza   *Un cántico de nuestra adopción*
(Efesios 1:3-10, *Dios Habla Hoy*)

    Alabado sea el Dios y Padre de nuestro
        Señor Jesucristo, *
        pues en Cristo nos ha bendecido en los cielos
        con toda clase de bendiciones espirituales.
    Dios nos escogió en Cristo desde antes de
        la creación del mundo, *
        para que fuéramos santos y sin defecto en
        su presencia.
    Por su amor, nos había destinado a ser adoptados
        como hijos suyos
    por medio de Jesucristo, hacia el cual nos ordenó, *
        según la determinación bondadosa de su voluntad.
    Esto lo hizo para que alabemos siempre a Dios
        por su gloriosa bondad, *
        con la cual nos bendijo mediante su amado Hijo.
    En Cristo, gracias a la sangre que derramó, *
        tenemos la liberación y el perdón de los pecados.

Pues Dios ha hecho desbordar sobre nosotros
  las riquezas de su generosidad, *
  dándonos toda sabiduría y entendimiento,
  y nos ha hecho conocer el designio secreto de
   su voluntad.
Él en su bondad se había propuesto realizar
  en Cristo este designio, *
  e hizo que se cumpliera el término que había
   señalado.
Y este designio consiste en que Dios ha querido
  unir bajo el mando de Cristo *
  todas las cosas, tanto en el cielo como en la tierra.

Lectura El ángel dijo a las mujeres: — No tengan miedo.
Yo sé que están buscando a Jesús, el que fue
crucificado. No está aquí, sino que ha resucitado.
Mateo 28:5-6a (*Dios Habla Hoy*)

Meditación *El Problema con la Pascua*
Pero.... you quiero el sepulcro, cual templo,
  cual tienda —
sin rasga que manche sagrada vivienda.
Prefiero la muerte con fino perfume
que el sudor del hermano que a Cristo resume.
Julia McCray-Goldsmith

¿Cómo abrazaremos hoy el don de la vida en toda su plenitud?

Afirmación
  [Cristo Jesús]: Aunque existía con el mismo ser de Dios,
    no se aferró a su igualdad con él,
    sino que renunció a lo que era suyo
    y tomó naturaleza de siervo.
  Haciéndose como todos los hombres
    y presentándose como un hombre cualquiera,
    se humilló a sí mismo,
    haciéndose obediente hasta la muerte,
    hasta la muerte en la cruz.

> Por eso Dios le dio el más alto honor
> y el más excelente de todos los nombres,
> para que, ante ese nombre concedido a Jesús,
> doblen todos las rodillas
> en el cielo, en la tierra y debajo de la tierra,
> y todos reconozcan que Jesucristo es Señor,
> para gloria de Dios Padre.
>
> Filipenses 2:5-11 (Dios Habla Hoy)

Oraciones En la labor que hacemos en este día,
Que el Cristo resucitado nos enseñe.
En los obstáculos que hoy enfrentamos,
Que el Cristo resucitado nos guíe.
En la personas con quienes nos encontramos hoy,
Que el Cristo resucitado nos fortalezca.

El pueblo puede añadir sus propias peticiones y acciones de gracias.

Al responder a las necesidades y heridas de este mundo,
Que el Espíritu de Cristo levantado nos fortalesca.

El Padre Nuestro

Oración Jesús, nuestro amigo y salvador: Guíanos en este nuevo día para que reconozcamos el anhelo de Dios para nosotros y obtengamos fortaleza y valor para vivir como hijos amados de Dios. **Amén.**

Salida ¡Aleluya! Oh Dios, que el sepulcro vacío llene nuestros corazones de fe. ¡Aleluya!

Sabiduría

Tercia (Tradicionalmente se observa a media mañana)

Habiendo pedido dirección y guía, rezamos para estar bien equipados en el resto del camino del día.

Entrada ¡Aleluya¡ Cristo resucitado, ven con nosotros, y enséñanos a vivir en ti. ¡Aleluya!

Oración Jesús, divino compañero: Al desenvolverse el día, concédenos fortaleza para comprender, y ojos para ver, mientras que tú nos enseñas a caminar sobre la mansa tierra en armonía con toda la creación. **Amén.** [84]

Alabanza *Un cántico a la sabiduría*
(Sabiduría 10:15-19, 20b-21 Dios Habla Hoy)

La sabiduría libró a tu pueblo santo... *
de la nación que la oprimía.
Entró en el alma de Moisés, tu siervo, *
y con milagros y prodigios hizo frente a reyes temibles.

Dio a tu pueblo santo la recompensa de sus sufrimientos, *
y lo condujo por un camino maravilloso;
durante el día le daba sombra, *
y de noche era como la luz de las estrellas.

Lo hizo atravesar el Mar Rojo a pie, *
y lo guió a través de aguas caudalosas;
a sus enemigos, en cambio, los hundió, *
y luego los sacó del fondo del abismo.

Y todos a una te dieron gracias porque tú
los defendiste: *
alabaron, Señor, tu santo nombre,
La sabiduría enseñó a hablar a los mudos *
y soltó la lengua de los niños.

Lectura Pues por el bautismo fuimos sepultados con Cristo, y morimos para ser resucitados y vivir una vida nueva, así como Cristo fue resucitado por el glorioso poder del Padre. Romanos 6:4 (*Dios Habla Hoy*)

Meditación "Le pedí a mi Señor, y él me escuchó".
Sta. Escolástica (m. 543)

"Dónde buscamos hoy la sabiduría de Dios?"

Oraciones Cristo resucitado, abre nuestros corazones a tu gracia y verdad.
Para que andemos en renovación de vida.
Enséñanos a amar a los demás en el poder del Espíritu.
Para que andemos en renovación de vida.

El pueblo puede añadir sus propias peticiones y acciones de gracias.

Fortalécenos como testigos de tu amor.
Para que andemos en renovación de vida.

El Padre Nuestro

Oración Dios nuestro libertador, por agua y por el Espíritu Santo hemos sido enterrados con Cristo y levantados a la nueva vida de gracia: Danos un corazón para escudriñar y discernir, valor para decidir y perseverar, espíritu para conocerte y amarte, y el don del gozo y admiración ante todas tus obras. **Amén.**

Salida ¡Aleluya¡ Cristo resucitado, ven con nosotros, y enséñanos a vivir en ti. ¡Aleluya!

Perseverancia y Renovación

Sexta (Tradicionalmente se observa a la hora del mediodía)

Al hacer una pausa para dar alimento a nuestros cuerpos al mediodía, alimentamos también nuestras almas para vivir con fe.

Entrada ¡Aleluya! Cristo resucitado,
refuerza en nosotros nuestro anhelo por tí. ¡Aleluya!

Oración Dios de amor constante: Vuelve nuestros corazones hacia ti, para que de nuevo nos deleitemos en tu bondad y regocijemos en la buena nueva del Cristo resucitado; en cuyo Nombre rezamos. **Amén.**

Alabanza Salmo 118:19-24 (*Dios Habla Hoy*)

¡Abran las puertas del templo, *
que quiero entrar a dar gracias al Señor!
Esta es la puerta del Señor, *
y por ella entrarán los que le son fieles.
Te doy gracias, Señor, porque me has respondido *
y porque eres mi salvador.
La piedra que los constructores despreciaron *
se ha convertido en la piedra principal.
Esto lo ha hecho el Señor, *
y estamos maravillados.
Este es el día en que el Señor ha actuado: *
¡estemos hoy contentos y felices!

Lectura Pasado el sábado, María Magdalena, María la madre de Santiago, y Salomé, compraron perfumes para perfumar el cuerpo de Jesús... diciéndose unas a otras: — ¿Quién nos quitará la piedra de la entrada del sepulcro? Pero, al mirar, vieron que la piedra ya no estaba en su lugar. Esta piedra era muy grande. Marcos 16:1, 3-4 (*Dios Habla Hoy*)

Meditación "Es mi creencia mas profunda que solamente con dar nuestra vida encontramos la vida". César Chávez [85]

¿*Qué nos permite dar nuestra vida para los demas?*

Oraciones Señor Jesús, tú te levantas triunfante sobre
la muerte y el sepulcro:
Cristo, nuestra vida, sálvanos.
Cristo, Señor de la vida, levántanos a nueva vida.
Cristo, nuestra vida, sálvanos.

El pueblo puede añadir sus propias peticiones y acciones de gracias.

En un mundo donde tantos sufren de hambre y de injusticia:
Cristo, nuestra vida, sálvanos.

El Padre Nuestro

Oración Dios viviente, en días de antaño, mujeres fieles proclamaron la buena nueva de la resurrección de Jesús, y el mundo cambió para siempre: Enséñanos a mantener, con ellas, la fe, para que nuestro testimonio tenga la misma fidelidad, la misma osadía, y el mismo amor. **Amén.** [86]

Salida ¡Aleluya! Cristo resucitado,
refuerza en nosotros nuestro anhelo por tí. ¡Aleluya!

Amor

Nona (Tradicionalmente se observa a media-tarde)

Al pasar las horas, nos llenan los encuentros del día; ahora, más que nunca, aceptamos la profundad y amplitud de la gracia de Dios.

Entrada ¡Aleluya! Ven con nosotros, oh Señor resucitado,
Y renueva nuestra vida con tu amor eterno. ¡Aleluya!

Oración Dios de amor, ya no buscamos a Jesús entre los muertos, pues él está vivo en nuestro mundo, en nuestra iglesia y en nuestros corazones. Renueva y fortalece nuestras vidas en la vida de la resurrección que compartimos con Cristo, en cuyo nombre rezamos. **Amén.**

Alabanza *Un cántico de fe*
(basado en 1 Pedro 1:3-4, 18-1, *Dios Habla Hoy*)

>Alabemos al Dios y Padre *
>   de nuestro Señor Jesucristo,
>que por su gran misericordia nos ha hecho nacer
>   de nuevo *
>   por la resurrección de Jesucristo.
>Esto nos da una esperanza viva,
>y hará que recibamos la herencia que Dios
>   nos tiene guardada en el cielo,
>   la cual no puede destruirse, ni mancharse,
>   ni marchitarse.
>Pues Dios nos ha rescatado *
>   de la vida sin sentido que heredaromos
>   de nuestros antepasados;
>y sabemos muy bien *
>   que el costo de este rescate
>no se pagó con cosas corruptibles, como el oro o
>   la plata, *
>   sino con la sangre preciosa de Cristo,

que fue ofrecido en sacrificio *
como un cordero sin defecto ni mancha.
Cristo había sido destinado para esto *
desde antes que el mundo fuera creado,
pero en estos tiempos últimos *
ha aparecido para bien de todos.
Por medio de Cristo, creemos en Dios, *
el cual lo resucitó y lo glorificó;
así que nosotros hemos puesto nuestra fe *
y nuestra esperanza en Dios.

Lectura Después que Jesús hubo resucitado al amanecer del primer día de la semana, se apareció primero a María Magdalena, de la que había expulsado siete demonios. Ella fue y avisó a los que habían andado con Jesús, que estaban tristes y llorando.
Marcos 16:9-10

Meditación "Pues el jardín es el único lugar que existe, pero no lo encontrarás
hasta que lo hayas buscado en todos lados,
y no habrá lugar donde lo encuentres que no sea un desierto". W. H. Auden, For the Time Being

¿En qué desiertos hemos hallado el jardín de Dios?

Oraciones Dios de misericordia, no nos has abandonado al sepulcro.
Guíanos con tu amor constante.
En tu presencia hallamos la plenitud del gozo.
Guíanos con tu amor constante.

El pueblo puede añadir sus propias peticiones y acciones de gracias.

Nos mandas al mundo a narrar la historia de tu misericordia divina.
Guíanos con tu amor constante.

El Padre Nuestro

Oración   Jesús, fuerte libertador y amor nuestro; al igual que mandaste a María Magdalena a proclamar la buena nueva de tu resurección, así llénanos y fortalécenos con tu amor, para que hoy día seamos tus testigos en el mundo. En tu Nombre rezamos. **Amén.**

Salida   ¡Aleluya! Ven con nosotros, oh Señor resucitado, y renueva nuestra vida con tu amor eterno. ¡Aleluya!

Perdón

Vísperas (Tradicionalmente se observa al terminar el día, antes del anochecer)

Al terminar el día, recibimos el anochecer al prender luces que alumbrarán nuestro espacio, y pedimos de nuevo el acompañamiento de Dios.

Entrada ¡Aleluya! Por su muerte, Cristo destrulle la muerte. Y concede nueva vida a los que están en la tumba. ¡Aleluya!

Oración Dios victoriose sobre la muerte, tu hijo Jesús se reveló una y otra vez para convencer a sus seguidores de su gloriosa resurrección: Concede que reconozcamos su presencia resucitada, y con amor y obediencia alimentemos sus ovejas y cuidemos de los corderos de su rebaño, hasta que nos reunamos con las huestes del cielo alabándote a tí y a aquel que es digno de bendición y de honor, gloria y poder, por siempre. **Amén.** [87]

Alabanza Luz del mundo *Phos hilaron* [88]

Luz del mundo, en gracia y belleza,
reflejo del rostro del Dios eterno,
llama translúcida del deber del amor sin precio,
tú traes la salvación a nuestra raza.
Ahora, al ver la luz del atardecer,
te levantamos voces en himnos de alabanza;
digno eres de bendión sin fin,
sol de nuestra noche, lámpara de nuestros días.

Lectura Volvió a preguntarle: — Simón, hijo de Juan, ¿me amas? Pedro le contestó: — Sí, Señor, tú sabes que te quiero. Jesús le dijo: — Cuida de mis ovejas.

Juan 21:16 (*Dios Habla Hoy*)

Meditación "El futuro será diferente si cambiamos el presente".
Peter Maurin [89]

> ¿Cómo cambiaremos el futuro cuidando de los demás en el ahora?

Confesión *Durante el gozoso tiempo de Pascua se omite la Confesión del Pecado para que la alabanza se enfoque en celebrar la redención y la nueva vida que son las características de este tiempo litúrgico.*

Declaración del Perdón
Sabemos que lo que antes éramos fue crucificado con Cristo, para que el poder de nuestra naturaleza pecadora quedara destruido y ya no siguiéramos siendo esclavos del pecado... Así también, ustedes considérense muertos respecto al pecado, pero vivos para Dios en unión con Cristo Jesús.
Romanos 6:6, 11 (Dios Habla Hoy)

Oraciones Jesús, en tu vida recibimos la vida:
Levántanos a la nueva vida de la gracia.
Mira con compasión nuestras debilidades humanas:
Levántanos a la nueva vida de la gracia.
Proclamamos la esperanza de tu resurrección al afrecerte estas oraciones:

El pueblo puede añadir sus propias peticiones y acciones de gracias.

Nos haces mensajeros de esperanza en un mundo de sufrimiento y desesperación:
Levántanos a la nueva vida de la gracia.

El Padre Nuestro

Oración   Señor Jesús, permanece con nosotros, ahora que la noche se acerca y ha pasado el día. Sé nuestro compañero en el camino, enciende nuestros corazones, y despierta la esperanza, para que te conozcamos tal y como te revelas en las Escrituras y en la fracción del pan. Concede esto por amor de tu Nombre. **Amén.** [90]

Salida   ¡Aleluya! Por su muerte, Cristo destrulle la muerte. Y concede nueva vida a los que están en la tumba. **¡Aleluya!**

Confianza

Completas (Tradicionalmente se observa justo antes de la hora de acostarse)

Resumimos el día con oraciones antes de acostarnos para examinar nuestra consciencia y ofrecer nuestras acciones frente a Dios.

Entrada ¡Aleluya! Que Dios, que levantó a Jesús de entre los muertos,
nos conceda una noche tranquila y un perfecto fin.
¡Aleluya!

Oración Dios, que mandaste a tu hijo al mundo para que tengamos vida en él: Concede que moremos en su vida resucitada para que nos amemos unos a otros como él nos amó primero, y que así conozcamos la plenitud del gozo. **Amén.**

Alabanza Salmo 113 *(Dios Habla Hoy)*
¡Aleluya! Siervos del Señor, ¡alaben su nombre!
¡Bendito sea ahora y siempre
    el nombre del Señor!
¡Alabado sea el nombre del Señor
    del oriente al occidente!
El Señor está por encima de las naciones;
    ¡su gloria está por encima del cielo!
Nadie es comparable al Señor nuestro Dios,
    que reina allá en lo alto;
y que, sin embargo, se inclina
    para mirar el cielo y la tierra.
El Señor levanta del suelo al pobre,
    y saca del lugar más bajo al necesitado
para sentarlo entre gente importante,
    entre la gente importante de su pueblo.
A la mujer que no tuvo hijos
    le da la alegría de ser madre
y de tener su propio hogar.
    ¡Aleluya!

Lectura Que el Dios de paz, que resucitó de la muerte a nuestro Señor Jesús, el gran Pastor de las ovejas, quien con su sangre confirmó su alianza eterna, los haga a ustedes perfectos y buenos en todo, para que cumplan su voluntad; y que haga de nosotros lo que él quiera, por medio de Jesucristo. ¡Gloria para siempre a Cristo! Amén. Hebreos 13:20-21 (*Dios Habla Hoy*)

Meditación "Una característica de los santos de mayor grandeza es su capacidad de levedad. Los ángeles vuelan porque se toman con ligereza".   G. K. Chesterton [91]

Al terminar este día, ¿qué cargas podemos dejar atrás?

Oraciones O Dios de paz, en nuestras decepciones y nuestros triunfos,
danos a descansar, seguros en el amor de tus brazos.
En momentos de certeza o de confusión,
que todas las gentes descansen en el amor de tus brazos.

El pueblo puede añadir sus propias peticiones y acciones de gracias.

Al esperar un nuevo día,
que toda la creación descanse en el amor de tus brazos.

El Padre Nuestro

Oración Todo será Amén y Aleluya.
Descansar, y poder ver. Ver, y poder saber.
Saber, y poder amar. Amar, y poder dar alabanza.
Mirar nuestro final, que no es el fin. **Amén.**
San Agustín [92]

Cierre ¡Aleluya! Que Dios, que levantó a Jesús de entre los muertos,
nos conceda una noche tranquila y un perfecto fin.
¡Aleluya!

Vigilia

Vigilia (Tradicionalmente se observa a medianoche)

Al igual que los monjes y religiosas que rezan las horas, podemos escuchar en la quietud de la noche para reconocer el llamado de Dios.

Entrada ¡Aleluya! Oh Cristo resucitado,
vela conmigo. ¡Aleluya!

Lectura Jesús entró y, poniéndose en medio de los discípulos, los saludó diciendo: — ¡Paz a ustedes!
Juan 20:19b (Dios Habla Hoy)

Meditación *¿Cómo voy a aceptar esta noche la paz de Cristo?*

Oración Alabado seas, mi Dios, esta noche
por todas las bendiciones del día;
manténme, Rey de reyes,
bajo la protección de tus alas. [93]

Cierre ¡Aleluya! O Cristo resucitado,
vela conmigo. ¡Aleluya!

Tiempo Ordinario: Creación

La estación litúrgica de Pentecostés no tiene realmente un enfoque común, sino que es simplemente el tiempo entre el Día de Pentecostés y el primer domingo de Adviento. A menudo se le designa "Tiempo Ordinario". En estas semanas se vive la paz, tranquilidad y el descanso del verano, así como la multitud de obligaciones y pendientes con que llega el otoño. Estos son los días "ordinarios", en que se vive la fe cristiana en medio de la vida cotidiana.

Durante estas semanas, como lo describe el académico de liturgia Leonel Mitchell, celebramos "el tiempo en que actualmente vivimos — el período entre Pentecostés y el Segundo Adviento". Dos mil años después del primer día de Pentecostés, la iglesia todavía vive en este tiempo "intermedio", en espera de la plenitud de los tiempos que será la segunda venida de Cristo. A veces a esta temporada también se le llama "la larga temporada verde", refiriéndose al color de las vestimentas en la iglesia durante esta estación litúrgica, y también a que, en el hemisferio norte, una gran parte de este tiempo litúrgico coincide con el verano.

Después del Día de Pentecostes, nos acomodamos a una temporada de crecimiento, nutriendo las semillas que quedaron plantadas durante la Pascua, y dejando crecer también las raíces de nuestra fe.

Alabanza

Laudes (Tradicionalmente se observa al despertar o al amanecer)

Laudate, omnes gentes, laudate Dominum!
[¡Canten alabanzas, todas las gentes, canten alabanzas al Señor!]
Recibimos el nuevo día con alabanzas al Creador
(en la antigüedad, el significado del nombre de esta hora,
Laudes, era "alabanza").

Entrada   Este es el día que el Señor ha hecho;
me gozaré y alegraré en él.

Lectura   ¡Cuán múltiples son tus obras, oh Señor."
Salmo 104:25 (*Libro de Oración Común*)

Meditación   ¿*Cómo usaré el don de este nuevo día?*
¿*Cómo notaré la gloria de la creación?*

Oración   Pido bendiciones.
Pido con reverencia,
a mi madre la tierra,
al cielo, a la luna y al sol mi padre.
Yo soy la vejez: la esencia de vida,
yo soy manantial, de donde viene la alegría.
Todo es paz, todo en belleza,
Todo en armonía, todo en gozo. **Amén.** [94]

Salida   Este es el día que el Señor ha hecho;
me gozaré y alegraré en él.

Discernimiento

Primera (Tradicionalmente se observa al comienzo del día)

Al empezar el día, nos enfocamos en el llamado de una vida fiel, pues, ¿quién sabe lo que traerá este día?

Entrada   Santo Dios, tú siempre nos acompañas,
Abre nuestros ojos a reconocer tu presencia.

Oración   Dios fiel que no dejas de sorprendernos, durante todos los tiempos has dado a conocer tu amor y tu poder de maneras inesperadas: Concede que diariamente reconozcamos el gozo y maravilla de la fidelidad de tu presencia, y ofrezcamos nuestras vida en gratitud por nuestra redención. **Amén.** [95]

Alabanza   *Benedicite Omnia Opera*

Todas ustedes, obras de Dios, bendigan su creador,
denle alabanza y glorifiquen su nombre para siempre.

Que la amplia tierra bendiga su creador;
que el arco de los cielos bendiga su creador;
que el cuerpo entero de Dios bendiga su creador;
denle alabanza y glorifiquen su nombre para siempre.

Tú, luz que regresas cada día, bendice tu creador;
crepúsculo y sombras, bendigan su creador;
obscuridad que abarca todo, bendice tu creador;
denle alabanza y glorifiquen su nombre para siempre.

Que toda la vida, lo que crece, lo que respira
bendiga nuestro creador;
denle alabanza y glorifiquen su nombre para siempre.
                                                    Janet Morley [96]

Lectura   Yo soy la vid, y ustedes son las ramas. El que permanece unido a mí, y yo unido a él, da mucho fruto; pues sin mí no pueden ustedes hacer nada. Ustedes no me escogieron a mí, sino que yo los he escogido a ustedes.   Juan 15:5, 16a (*Dios Habla Hoy*)

Meditación La gente dice que caminar sobre el agua es un milagro, pero para mí, el verdadero milagro es caminar en paz sobre la tierra.   *Thich Nhat Hanh* [97]

¿Cómo caminaremos hoy en paz?

Afirmación

Creemos en Dios, creador de toda vida y belleza,
  que bendice nuestra jornada.

Creemos en Jesucristo,
  que vivió como amigo y salvador de todos
    los que encontró en su camino,
  y que, con amor, comió y rió, lloró y celebró
  con todos ellos.

Creemos en el Espíritu Santo,
  que vive en la suave brisa,
  que fortalece nuestras promesas, y
  ofrece esperanza eterna.

Creemos en la iglesia,
  que se encuentra abierta para todos los
    que viajan,
  y da testimonio del imperecedero amor de Dios. [98]

Oraciones Al comenzar con los deberes del día,
Llénanos, Dios de gracia.
En hacer decisiones fieles, en lo grande y en lo
  pequeño,
Guíanos, Dios de gracia.
Al buscar encontrar y servir a los necesitados,
Enséñanos, Dios de gracia.

El pueblo puede añadir sus propias peticiones y acciones de gracias.

Al ofrecerte a ti nuestras vidas,
Escúchanos, Dios de gracia.
Con los corazones abiertos a servir,
Acompáñanos, Dios de gracia.

El Padre Nuestro

Oración   Dios generoso, tú derramas la abundancia de tus bendiciones sobre toda la creación: Enséñanos a vivir esta misma generosidad, que los frutos de nuestro espíritu y la labor de nuestras manos hagan realizar tu comunidad de bendición. Amén. [99]

Salida   Santo Dios, tú siempre nos acompañas,
Abre nuestros ojos a reconocer tu presencia.

Sabiduría

Tercia (Tradicionalmente se observa a media mañana)

Habiendo pedido dirección y guía, rezamos para estar bien equipados en el resto del camino del día.

Entrada   Que todos los que desean la sabiduría
anden en amor.

Oración   Santo Dios, dador de toda sabiduría: Pon frente a nosotros este día el banquete de tu palabra, e invítanos a deleitar de la obra maestra que es la belleza que nos rodea. Y después, vuélvenos en humildad hacia los pobres, los oprimidos y los débiles; esto lo pedimos en el Nombre de Jesús, que es Sabiduría por todos los tiempos. **Amén.** [100]

Alabanza   *Un Cántico de peregrinación*
(Ecclesiástico 51:13-16, 20b-22, Dios Habla Hoy)

    Cuando yo era joven, antes de irme a recorrer mundo, *
        deseaba ardientemente recibir sabiduría.
    Y ella vino a mí en toda su belleza; *
        yo la busqué hasta que di por fin con ella.
    Estaba en su punto, como racimo maduro, *
        y en ella se alegró mi corazón.
    Yo seguí fielmente su camino, *
        porque desde pequeño la había aprendido.
    En el poco tiempo que estuve escuchándola, *
        aprendí muchas cosas.
    Desde el primer momento me enamoré de ella, *
        y por eso no la abandonaré,
        jamás me apartaré de ella.
    Mi corazón ardía como un horno al contemplarla, *
        por eso la adquirí, ¡qué gran tesoro!
    El Señor me concedió lo que le pedía, *
        por eso le daré gracias en voz alta.

Lectura   Pero los que tienen la sabiduría que viene de Dios, llevan ante todo una vida pura; y además son pacíficos, bondadosos y dóciles. Son también compasivos, imparciales y sinceros, y hacen el bien. Y los que procuran la paz, siembran en paz para recoger como fruto la justicia.   Santiago 3:17-18 (*Dios Habla Hoy*)

Meditación   "Mira hacia la sabiduría, y no te distraigas. Observa el orden de la creación, y despertarás a la gracia y a la tranquilidad".   Proverbios 3:19-22 [101]

¿Cómo estaremos atentos este día para que la misma creación nos preste su sabiduría?

Oraciones   O Dios, en paz, has preparado hoy nuestro camino.
Ayúdanos a recorrerlo en paz.
Si hablamos,
retira las mentiras de nuestros labios.
Si estamos hambrientos,
Retira de nosotros la queja.
Si tenemos en abundancia.
Retira de nosotros el orgullo.
Ofrecemos estas oraciones de nuestro corazón pidiendo nos guíes con tu sabiduría

El pueblo puede añadir sus propias peticiones y acciones de gracias.

Que caminemos por este día, siempre mirando hacia ti,
O Señor de todos los Señores. Amén. [102]

El Padre Nuestro

Oración   Santo Dios, en amor nos creaste, y lo nombraste "bueno": Concédenos la profunda sabiduría que es tu amor, para que, donde quiera nos lleve este día, nuestras vidas permanezcan arraigadas en tu bondad; por Cristo nuestro Señor. **Amén.**

Salida   Que todos los que desean la sabiduría anden en amor.

Perseverancia y Renovación

Sexta (Tradicionalmente se observa a la hora del mediodía)

Al hacer una pausa para dar alimento a nuestros cuerpos al mediodía, alimentamos también nuestras almas para vivir con fe.

Entrada   El poder de Dios, obrando en nosotros,
**realiza más de lo que nos podamos imaginar:
¡Gloria a Dios!**

Oración   Dios de la creación, tu reino de amor renueva todas las cosas: Planta en nuestros corazones semillas de confianza y de gozo, para que confiando en tu palabra, vivamos no más sólo para nosotros mismos, sino por aquél que murió y fue levantado por nosotros, Cristo Jesús, nuestro Señor. **Amén.** [104]

Alabanza   *Dios de las aves*
(De ser deseado, la música se encuentra en *El Himnario*, #25)

> Dios de las aves, Dios del gran pez
> de las estrellas Dios;
> ¡Cómo lo creado te teme,
> cómo lo creado te adora!
>
> Dios de los sismos, del temporal,
> de la trompeta, Dios;
> ¡Cómo lo creado te invoca,
> cómo lo creado te implora!
>
> Del arco iris, y de la cruz
> y del sepulcro, Dios;
> ¡Cómo hablar de tu gracia,
> cómo expresarte las gracias!
>
> Dios de los tiempos, cercano Dios,
> de amante corazón;
> ¡qué es en tus hijos el gozo!
> ¡cómo decimos hogar!
>
>   Texto: Jaroslav J. Vajda, (c); trad. Federico J. Pagura

Lectura Así que no debemos cansarnos de hacer el bien; porque si no nos desanimamos, a su debido tiempo cosecharemos. Por eso, siempre que podamos, hagamos bien a todos, y especialmente a nuestros hermanos en la fe. Gálatas 6:9-10 (*Dios Habla Hoy*)

Meditación "El cuidar... se fundamenta en la verdadera religión. El cuidar permite a las criaturas escapar de nuestras explicaciones y realmente ser su auténtica presencia y misterio esencial. En cuidar de las criaturas que son nuestro prójimo, reconocemos que no nos pertenecen; reconocemos que pertenecen a un orden y a una armonía de la cual nosotros mismos somos una parte. Para responder a la crisis perpetua de nuestra presencia en este mundo abundante y peligroso, lo único que tenemos es la obligación perpetua de cuidar". Wendell Berry [105]

¿En esta hora, cómo nos llama Dios a cuidar de la creación?

Oraciones Oh Dios, cuyo Espíritu descansa sobre las aguas, recordamos a los que viven en tierras de sequía
  o inundación,
    donde la cosecha es pobre, o ni siquiera se logró.
Hoy, siembran con lágrimas:
que cosechen pronto, con gritos de alegría.

Recordamos aquellos cuyo abastecimiento de agua
  está contaminado por codicia o negligencia,
    aquellos para quienes el agua trae enfermedad,
      envenenamiento o radiación,
    para quienes el don de vida está azotado por
      la muerte.
Hoy, siembran con lágrimas:
que cosechen pronto, con gritos de alegría.

> Recordamos a nosotros mismos:
>> Devastamos las aguas y los frutos de la tierra,
>> y no estamos dispuestos a formar un solo círculo
>> con nuestras hermanas y hermanos alrededor
>> de la tierra.
>
> *El pueblo puede añadir sus propias peticiones y acciones de gracias.*
>
> Y pedimos, Creador misericordioso,
>> **llorar sus lágrimas**
>> **y que, pronto, todos cosechemos con gritos**
>> **de alegría.** [106]

El Padre Nuestro

Oración Fuente de vida y de bendición,
del jardín, el campo y el huerto:
Arraiga en nosotros la obediencia
y nútrenos con tu Espíritu abundante
para que, mirando sólo el bien que podamos hacer,
nuestras vidas den fruto,
nuestra labor también,
y nuestro servir sea de provecho
en comunión con Jesús, nuestro hermano. **Amén.** [107]

Salida El poder de Dios, obrando en nosotros,
realiza más de lo que nos podamos imaginar:
¡Gloria a Dios!

Amor

Nona (Tradicionalmente se observa a media-tarde)

Al pasar las horas, nos llenan los encuentros del día; ahora, más que nunca, aceptamos la profundad y amplitud de la gracia de Dios.

Entrada Como tú nos has amado,
que nos amemos los unos a otros.

Oración O árbol del Calvario, echa raíces hasta lo profundo de mi alma. Recoge mis debilidades — mi corazón enlodado, mi debilidad que es como la arena y mis deseos confundidos en la tierra — y luego únelos con la fuerte raíz de tu amor arbóreo. **Amén.** [108]

Alabanza Señor Dios, te alabamos por las riquezas de
    nuestra creación
    que jamás podremos ver:
Por estrellas cuya luz jamás tocará nuestro mundo;
Por especias de seres vivientes que nacieron,
    florecieron y terminaron
    antes que la humanidad caminara por la tierra;
Por diseños y colores en las flores,
    que sólo el ojo de un insecto puede ver;
Por música extraña, cuyo tono es tan alto
    que el oído humano no la puede oir.
Señor Dios, tú vez todo lo que has creado
y vez que todo es bueno.   *Anónimo* [109]

Lectura Les doy este mandamiento nuevo: Que se amen los unos a los otros. Así como yo los amo a ustedes, así deben amarse ustedes los unos a los otros. Si se aman los unos a los otros, todo el mundo se dará cuenta de que son discípulos míos.
    Juan 13:34-35 (*Dios Habla Hoy*)

Meditación "¿No es eso el propósito de la amistad, darnos unos a otros el don de poder ser amados?" Henri Nouwen [110]

¿Dónde necesitamos ofrecer y recibir el don de poder ser amados? ¿Cómo podemos tratar a la tierra como amada?

Oraciones Al alargarse las sombras, oh Cristo,
Enséñanos a caminar en tu amor.
Al intentar ser fieles en palabra y obra,
Enséñanos a caminar en tu amor.
Al vivir como parte de tu creación,
Enséñanos a amar a esta buena tierra,
Al ofrecerte ahora nuestra oración:

El pueblo puede añadir sus propias peticiones y acciones de gracias.

Con corazones agradecidos,
Enséñanos a confiar en tu amor.

El Padre Nuestro

Oración Dios de gracia, el aire canta tu gloria, el agua destella plateada con la creación y los bosques se revisten de verde para el bien de los pueblos: Concede que tu luz y amor llenen nuestros corazones, nuestras almas y nuestras mentes, y podamos compartir tu amor con el mundo. **Amén.**[111]

Salida Como tú nos has amado,
que nos amemos los unos a otros.

Perdón

Vísperas (Tradicionalmente se observa al terminar el día, antes del anochecer)

Al terminar el día, recibimos el anochecer al prender luces que alumbrarán nuestro espacio, y pedimos de nuevo el acompañamiento de Dios.

Entrada Si cualquiera está en Cristo, existe una nueva creación.

Oración Dios de la creación, tu reino de amor renueva todas las cosas: Planta en nuestros corazones semillas de confianza y de gozo, para que confiando en tu palabra, vivamos no más sólo para nosotros mismos, sino por aquél que murió y fue levantado por nosotros, Cristo Jesús, nuestro Señor. **Amén.** [112]

Alabanza *Doxología*[113]

Que no guarde silencio ninguna de las maravillosas
    obras de Dios
    ni de noche ni de día.
Las estrellas alumbrantes, altos montes,
    profundidad del mar,
    fuentes de aguas caudalosas.
Que todas éstas canten con nosotros
    al Creador, Salvador y Santo Espíritu.
Y que los ángeles del cielo respondan:
¡Amén! ¡Amén! ¡Amén!
Poder, alabanza, honor y eterna gloria
    sean dadas a Dios de gracia eterna.
¡Amén! ¡Amén! ¡Amén!
                         Anónimo (siglo tres)

Lectura Por lo tanto, el que está unido a Cristo es una nueva persona. Las cosas viejas pasaron; se convirtieron en algo nuevo. Todo esto es la obra de Dios, quien por medio de Cristo nos reconcilió consigo mismo y nos dio el encargo de anunciar la reconciliación.
                2 Corintios 5:17-18 (*Dios Habla Hoy*)

Meditación "Debemos ser claros sobre lo que son las consecuencias de destruir las formas vivientes de este planeta. La primera es que destruimos formas de presencia divina".
Thomas Berry[114]

"Qué haremos el día de hoy para preservar la obra de Dios en la creación?

Confesión Confesamos,
que hemos andado como si la tierra fuera de nosotros mismos,
creyendo que Dios nos dio dominio, y así, control absoluto sobre ella.
Afirmamos que,
"del Señor es la tierra y su plenitud,
porque él la fundó sobre los mares y la estableció sobre los ríos". (Salmo 24:1-2)
Nos arrepentimos.
Reconocemos que necesitamos cambiar nuestro entendimiento de la creación,
tomando nuestra responsabilidad para su cuidado y protección.
Creemos
que el Espíritu, el poder creativo de Dios,
actúa en nosotros y en el mundo.
Dios, Creador de todo,
que la humanidad sea librada de la codicia que está destruyendo a la tierra;
y que tus iglesias valientes tomen causa frente a las fuerzas que amenazan la vida.
Amén. [115]

Declaración del Perdón
> Dios no trata con nosotros según nuestros pecados,
> ni nos recompensa por la medida de nuestras faltas.
> Tan grande como es la amplitud de la creación entera,
> El amor de Dios por nosotros es más.
> Tanta es la distancia entre éste y el oeste,
> aun más Dios aleja nuestro pecado de nosotros.
> **Demos gracias a Dios.** [116]

Oraciones
> Santo Dios, te alabamos por las maravillas de tu creación:
> **Danos a cuidar de tu tierra con gozo y con fe.**
> Al pasar el día,
> **Bendícenos con el don de descansar de nuestras cargas**
> Y no sólo las nuestras:
> **Ayúdanos a levantar las cargas que hemos puesto sobre los demás y sobre tu creación.**
> Te ofrecemos las oraciones de nuestro corazón:
>
> *El pueblo puede añadir sus propias peticiones y acciones de gracias.*
>
> Crea en nosotros, de nuevo y siempre, tu corazón de gracia.
> **Que descansemos en el fundamento seguro de tu amor.**

El Padre Nuestro

Oración
> Danos fortaleza para comprender, y ojos para ver;
> enséñanos a caminar la mansa tierra
> en armonía con toda la creación. **Amén.** [117]

Salida
> Si cualquiera está en Cristo,
> existe una nueva creación.

Confianza

Completas (Tradicionalmente se observa justo antes de la hora de acostarse)

Resumimos el día con oraciones antes de acostarnos para examinar nuestra consciencia y ofrecer nuestras acciones frente a Dios.

Entrada   El Señor todopoderoso nos conceda una noche tranquila y un perfecto fin. **Amén.**

Oración   Dios de nuestro anhelo, cuya venida buscamos, pero cuya llegada es inesperada: Aquí en las tinieblas, danos un sentido de urgencia por encontrarte, y abre nuestros corazones a este anhelo de ser conocidos por ti en Cristo Jesús. **Amén.** [118]

Alabanza   *Salmo para toda la vida*[119]

> Bendiga mi alma, buen Señor.
> Canten cantos a su nombre,
> pues Dios ha llevado mi vida
> hacia aguas frescas cuando sed tenía.
> Dios me ha nutrido con el Pan de Vida
> cuando estaba hambriento.
> Dios me ha sostenido todos mis días
> y jamás me ha abandonado a la vergüenza.
> Bendiga mi alma, buen Señor,
> por tan abundante bondad.

Lectura   Pero bendito el hombre que confía en mí, que pone en mí su esperanza. Será como un árbol plantado a la orilla de un río, que extiende sus raíces hacia la corriente y no teme cuando llegan los calores, pues su follaje está siempre frondoso. En tiempo de sequía no se inquieta, y nunca deja de dar fruto.

                         Jeremías 17:7-8   (*Dios Habla Hoy*)

Meditación "El pez no puede ahogarse en el agua, las aves no se caen del cielo, el oro no perece en el fuego que acrisola. Esto lo ha dado Dios a todas las criatuturas: el buscar y realizar su propia naturaleza esencial". Mechthild de Magdeburg (siblo XIII)

¿Qué nos ha concedido Dios este día para ser mas plenamente nosotros mismos?

Prayer Dios Creador,
nos llamas a amar y servirte con cuerpo, mente y espíritu
amando tu creación y a nuestras hermanas y hermanos.
Abre nuestros corazones en compasión
y recibe estas peticiones en nombre de las necesidades de la iglesia y del mundo.

El pueblo puede añadir sus propias peticiones y acciones de gracias.

El Padre Nuestro

Oración Santo Dios, tú nos plantaste junto al agua viva para arraigarnos en rectitud. Nos llamas a ser santos como tú eres santo. En la certeza de tu amor, ayúdanos a despojarnos de todo temor, para poder amar al prójimo como a nosotros mismos. **Amén.** [120]

Cierre El Señor todopoderoso nos conceda una noche tranquila
y un perfecto fin. Amén.

Vigilia

Vigilia (Tradicionalmente se observa a medianoche)

Al igual que los monjes y religiosas que rezan las horas, podemos escuchar en la quietud de la noche para reconocer el llamado de Dios.

Entrada Toda la creación anhela la gracia:
Espero en esperanza.

Lectura Estén quietos, y sepan que yo soy Dios;
he de ser exaltado entre las naciones;
he de ser exaltado sobre toda la tierra.
Salmo 46:11 (adaptado) (*Dios Habla Hoy*)

Meditación *¿De qué manera estaré quieto y confiando durante esta noche?*

Oración Dios escondido, siempre a mí presente,
ahora me presento frente a ti,
atento a toda palabra tuya,
atento a tu inspirar,
atento al roze de tu mano.
Vacíame para llenarme sólo de ti. **Amén.** [121]

Cierre Toda la creación anhela la gracia:
Espero en esperanza.

Tiempo Ordinario: Descanso

Alabanza

Laudes (Tradicionalmente se observa al despertar o al amanecer)

Laudate, omnes gentes, laudate Dominum!
[¡Canten alabanzas, todas las gentes, canten alabanzas al Señor!]
Recibimos el nuevo día con alabanzas al Creador
(en la antigüedad, el significado del nombre de esta hora,
Laudes, era "alabanza").

Entrada Comienzo este día con gozo:
Dios es bueno.

Lectura Dios vio que todo lo que había hecho estaba muy bien.
Génesis 1:31a (*Dios Habla Hoy*)

Meditación *¿Cómo voy a recibir la bondad de Dios en este día?*

Oración Santo Creador, ayúdame a recibir este día con los brazos abiertos, y a compartir la bondad de tus dones con generosidad y alegría. **Amén.**

Salida Comienzo este día con gozo:
Dios es bueno.

Discernimiento

Primera (Tradicionalmente se observa al comienzo del día)

Al empezar el día, nos enfocamos en el llamado de una vida fiel, pues, ¿quién sabe lo que traerá este día?

Entrada   Nos llama la mañana
a volver nuestros corazones a ti.

Oración   Dios me conceda la serenidad para aceptar las cosas que no puedo cambiar, el valor para cambiar las cosas que puedo cambiar y la sabiduría para conocer la diferencia. Viviendo un día a la vez, disfrutando un momento a la vez; aceptando las adversidades como un camino hacia la paz; viviendo, como lo hizo Jesús, en este mundo pecador tal y como es, y no como me gustaría que fuera; Confiando que Dios hará que todas las cosas estén bien si yo me entrego a su voluntad; de modo que pueda ser razonablemente feliz en esta vida e increíblemente feliz con Dios en la siguiente.
Amén. [122]

Alabanza   ¡Regocíjense, pueblo de Dios!
Celebren la vida que llevan dentro,
y la presencia de Cristo entre ustedes.

¡Nuestros ojos se abrirán!
La presencia tendrá nuevo significado,
y el futuro brillará con esperanza.

¡Regocíjense, pueblo de Dios!
Hagan reverencia frente al Uno
que es nuestra fortaleza y sabiduría.

Nos ponemos frente a Dios,
que Dios nos toque y nos purifique
con el poder de su Espíritu. [123]

Lectura Fíjense cómo crecen los lirios: no trabajan ni hilan. Sin embargo, les digo que ni siquiera el rey Salomón, con todo su lujo, se vestía como uno de ellos. Lucas 12:27 (*Dios Habla Hoy*)

Meditación "El último fruto del trabajo se encuentra en elegir y vivir su opuesto, el dejar de trabajar, o el día de descanso. A menos que aproximadamente una séptima parte de la vida sea también el dejar de trabajar, manteniendo un espacio, un párrafo, y un paréntesis alrededor de mis esfuerzos, el trabajo siempre se hace compulsorio, adictivo, obsesionado, inconsciente y, en verdad, contraproducente para el ser y para los que nos rodean. Necesitamos, también, el no trabajar". Richard Rohr [124]

El día de hoy, ¿cómo dejaré de estar trabajando?

Afirmación
Creemos en Dios, que nos ama y nos pide amarnos los unos a los otros.
Este es nuestro Dios.

Creemos en Jesús, que cuidó por los niños y los cargó de brazos.
Él anhelaba un mundo donde todos pudieran vivir juntos en paz.
Éste es Jesucristo.

Creemos en el Espíritu Santo, que nos mantiene obrando hasta que todo esté bien y verdadero.
Éste es el Espíritu Santo.

Podemos ser la iglesia, que recuerda las personas a Dios porque nos amamos unos a otros.
Todo esto lo creemos. Amén. [125]

Oraciones   Al comenzar el día,
Danos tu paz.
Al deternernos esta mañana,
Danos tu paz.
Al hacer el trabajo que tu nos has dado a hacer.
Danos tu paz.
Por todas las necesidades de este mundo.
Danos tu paz.
En tener fe, oh Dios, que cuidas de tus hijos.
Danos tu paz.
Al buscar la entereza,
Danos tu paz.

El pueblo puede añadir sus propias peticiones y acciones de gracias.

Al estar en tu presencia.
Concédenos ser paz para los demás.

El Padre Nuestro

Oración   Santo Dios, tantas veces nos cegamos por las cosas sin importancia. Concede que nuestra atención no se distraiga por lo trivial, y que, como niños pequeños, podamos con confianza y amor buscar cruzar las barreras que antes no supimos cruzar. **Amén.** [126]

Salida   Nos llama la mañana
a volver nuestros corazones a ti.

Sabiduría

Tercia (Tradicionalmente se observa a media mañana)

Habiendo pedido dirección y guía, rezamos para estar bien equipados en el resto del camino del día.

Entrada
: Escuchen y oigan:
Estemos quietos, para saber.

Oración
: Oh Santa Sabiduría, dirígenos en el camino. Haznos dignos de tus enseñanzas y abre nuestros corazones a aceptar tu abrazo para que te sirvamos en paz y en gracia. **Amén.**

Alabanza
: *Un cántico de peregrinación*
(Ecclesiástico 51:13-16, 20b-22, Dios Habla Hoy)

> Cuando yo era joven, antes de irme a recorrer mundo, *
> deseaba ardientemente recibir sabiduría.
> Y ella vino a mí en toda su belleza; *
> yo la busqué hasta que di por fin con ella.
> Estaba en su punto, como racimo maduro, *
> y en ella se alegró mi corazón.
> Yo seguí fielmente su camino, *
> porque desde pequeño la había aprendido.
> En el poco tiempo que estuve escuchándola, *
> aprendí muchas cosas.
> Desde el primer momento me enamoré de ella, *
> y por eso no la abandonaré,
> jamás me apartaré de ella.
> Mi corazón ardía como un horno al contemplarla, *
> por eso la adquirí, ¡qué gran tesoro!
> El Señor me concedió lo que le pedía, *
> por eso le daré gracias en voz alta.

Lectura Tener la mente puesta en ella [la Sabiduría] es prudencia consumada; el que trasnocha por hallarla, pronto se verá libre de preocupaciones. Ella misma va de un lado a otro buscando a quienes son dignos de ella; se les manifiesta con bondad en el camino y les sale al encuentro en todo lo que piensan. Sabiduría de Salomón 6:15-16 (*Dios Habla Hoy*)

Meditación En la nueva luz
de las cuestiones del día,
nunga estoy listo.
Hoy, una vez más, no tengo nada
que ofrecer sino manojo
de viejas oraciones, gastadas
por la abrasión implacable de la duda, y un
    fragmento
de sueño que se juega en mi mente
apenas recordado. Aun así,
las palomas susurran y vuelan
por los pinos
como lo hacen cada mañana
cuando vengo. Su pena
casi humana, resuena
dulce con pesar. Y al atardecer
los árboles se arrodillan, y yo, también,
hago mi súplica, encontrando
de nuevo tu misericordia,
tu consuelo. Elizabeth Drescher [127]

¿Cómo recibiré la luz y el amor de la sabiduría en esta mañana?

Oraciones Santa Sabiduría, descansamos en tu bondad:
Guíanos con tu gracia.
Te pedimos por tu Iglesia:
Guíanos con tu gracia.
Te pedimos por nuestro mundo:
Guíanos con tu gracia.
Te pedimos por nuestras comunidades:
Guíanos con tu gracia.
Y te pedimos por nosotros mismos. Al hablar:
Guíanos con tu gracia.
Al desear:
Guíanos con tu gracia.
Cuando tengamos miedo:
Guíanos con tu gracia.
Nuestros corazones te ofrecen nuestra oración:

El pueblo puede añadir sus propias peticiones y acciones de gracias.

Al caminar este día:
Guíanos con tu gracia.

El Padre Nuestro

Oración Concédenos, Señor, tu sabiduría al enfrentarnos a las exigencias de este día. Revela frente a nosotros el camino fiel, y, Santa Sabiduría, concede que seas tú la luz de nuestro corazón. **Amén.**

Salida Escuchen y oigan:
Estemos quietos, para saber.

Perseverancia y Renovación

Sexta (Tradicionalmente se observa a la hora del mediodía)

Al hacer una pausa para dar alimento a nuestros cuerpos al mediodía, alimentamos también nuestras almas para vivir con fe.

Entrada Mi gracia es suficiente para ti,
mi poder se perfecciona en la debilidad.

Oración Concede, O Señor, que no nos afanemos por las cosas terrenales, sino que amemos las celestiales, y aun ahora que estamos inmersos en cosas transitorias, haz que anhelemos lo que permanece para siempre; por Jesucristo nuestro Señor. **Amén.**[128]

Alabanza *Paz enfrente*
(De desearse, la música puede hallarse en *Wonder, Love and Praise*, #791.)

Paz, enfrente, paz, siguiendo;
paz bajo los pies.
Paz por dentro, paz cubriendo,
todo rodea la paz.

Luz, enfrente, luz, siguiendo;
luz bajo los pies.
Luz por dentro, luz cubriendo,
todo rodea la luz.

Dar, enfrente, dar, siguiendo;
dar bajo los pies.
Dar por dentro, dar cubriendo,
todo rodea el amar.

Cristo enfrente, y va siguiendo;
Cristo bajo los pies.
Cristo dentro, va cubriendo,
todo rodea su amor.

Letra: David Haas (basada en una oración Návajo;
trad. por Patricia Millard)

Lectura   Pero hermanos, cuando yo fui a hablarles del designio secreto de Dios, lo hice sin hacer alardes de retórica o de sabiduría. Y cuando les hablé y les prediqué el mensaje, no usé palabras sabias para convencerlos. Al contrario, los convencí haciendo demostración del Espíritu y del poder de Dios, para que la fe de ustedes dependiera del poder de Dios y no de la sabiduría de los hombres.
1 Corintios 2:1,4-5 (Dios Habla Hoy)

Meditación   "Cuando más débil me siento es cuando más fuerte soy".   San Pablo (2 Corintios 12:10b, Dios Habla Hoy)

¿Cómo encontramos la fuerza y fortaleza manifestada en la debilidad?

Oraciones   En nuestras obligaciones diarias,
Dios nos rodea.
En los éxitos y los fracasos,
Dios nos rodea.
En las alegrías y en las penas,
Dios nos rodea.
En el sanar de nuestro mundo,
Dios nos rodea.
Rezamos por todos aquellos que celebran,
    buscan o necesitan el amor de Dios:

El pueblo puede añadir sus propias peticiones y acciones de gracias.

Al continuar el día,
Dios nos rodea en esperanza.

El Padre Nuestro

Oración   O Santo Dios, estamos quietos; escuchamos.
Te oímos decir: "Yo soy tu fortaleza",
Y te decimos a ti: "Tú eres nuestro redentor". **Amén** [129]

Salida   Mi gracia es suficiente para ti,
mi poder se perfecciona en la debilidad.

Amor

Nona (Tradicionalmente se observa a media-tarde)

Al pasar las horas, nos llenan los encuentros del día; ahora, más que nunca, aceptamos la profundad y amplitud de la gracia de Dios.

Entrada Lo que ofrecemos basta:
El amor de Dios todo lo envuelve.

Oración Creador y amante de nuestras almas: Enséñanos a soltar nuestras cargas y a aceptar tu amor. Que tu amor sea la más profunda realidad de nuestras vidas, y que ofrezcamos amor auténtico hacia los demás. **Amén.**

Alabanza *Un cántico del amor de Dios* (1 Juan 4:7-11, Dios Habla Hoy)

> Queridos hermanos, debemos amarnos unos a otros, *
> > porque el amor viene de Dios.
>
> Todo el que ama es hijo de Dios *
> > y conoce a Dios.
>
> El que no ama no ha conocido a Dios, *
> > porque Dios es amor.
>
> Dios mostró su amor hacia nosotros
> al enviar a su Hijo único al mundo *
> > para que tengamos vida por él.
>
> El amor consiste en esto:
> no en que nosotros hayamos amado a Dios,
> > sino en que él nos amó a nosotros *
>
> y envió a su Hijo, para que, ofreciéndose
> > > en sacrificio, *
> >
> > nuestros pecados quedaran perdonados.
>
> Queridos hermanos, si Dios nos ha amado así, *
> > nosotros también debemos amarnos unos a otros.

Lectura Vengan a mí todos ustedes que están cansados de sus trabajos y cargas, y yo los haré descansar. Acepten el yugo que les pongo, y aprendan de mí, que soy paciente y de corazón humilde; así encontrarán descanso. Mateo 11:28-29 (*Dios Habla Hoy*)

Meditación "No era yo real antes?" preguntó el pequeño conejo. "Eras real para el niño", dijo en hada, "porque te quería. Ahora serás real para todos".
Margery Williams, *The Velveteen Rabbit* [130]

¿Qué se requiere para ofrecer un amor real a los demás? ¿Cómo lo haremos en este día?

Oraciones Que el sol perdurable nos alumbre.
El amor de Dios en nosotros está.
Que el amor de Dios alumbre a todos los pueblos.
El amor de Dios es el todo en el todo.
Que todos los pueblos conozcan el amor de Dios.
El amor de Dios a todos nos llena.

El pueblo puede añadir sus propias peticiones y acciones de gracias.

Que la pura luz del amor de Dios
Nos lleve a amar a los demás.

El Padre Nuestro

Oración O amor divino, ¡tan fuerte y perdurable! Eterno, pero siempre nuevo; incomprensible y libre, más allá de todo conocimiento y todo pensamiento: bendícenos con tu amor, que en amar a los demás te honremos a ti. **Amén.** [131]

Salida Lo que ofrecemos basta:
El amor de Dios todo lo envuelve.

Perdón

Vísperas (Tradicionalmente se observa al terminar el día, antes del anochecer)

Al terminar el día, recibimos el anochecer al prender luces que alumbrarán nuestro espacio, y pedimos de nuevo el acompañamiento de Dios.

Entrada Santo Dios, levanta nuestras cargas,
pues tu yugo es ligero.

Oración O Dios, como las lluvias renuevan la tierra, derrama sobre nosotros tu poder de sanación. Extiende tu mano, para que al vivir sepamos que tu solo eres Dios, en cuya fidelidad siempre tenemos la vida. **Amén.**

Alabanza *Canto a nuestra verdadera naturaleza*
(Juliana de Norwich) [132]

Cristo reveló nuestras debilidades y flaquezas
    nuestros pecados y nuestras humillaciones.
Cristo también reveló su bendito poder,
    su bendita sabiduría y amor.
Nos protege con la más ternura cuando estamos
    en mayor necesidad de él;
nos levanta en el espíritu
y torna todo a gloria y gozo sin fin.
Dios es fundamento y substancia, la verdadera
    esencia de la naturaleza de nuestro ser;
Dios es padre y madre verdaderos de todas
    las naturalezas.
La naturaleza es lo a Dios nos enlaza,
    y también nos enlaza con la gracia.
Y esta gracia es para todo el mundo,
    porque es nuestra madre amada, Cristo.
Pues esta bella naturaleza la hizo Cristo para
    el honor y nobleza de todo,
    y para el gozo y alegría de la salvación.

Lectura   Hijitos míos, que nuestro amor no sea solamente de palabra, sino que se demuestre con hechos. De esta manera sabremos que somos de la verdad, y podremos sentirnos seguros delante de Dios; pues si nuestro corazón nos acusa de algo, Dios es más grande que nuestro corazón, y lo sabe todo.
1 Juan 3:18b-20 (Dios Habla Hoy)

Meditación   *"Pon amor donde no hay amor, y sacarás amor".*
San Juan de la Cruz

¿Dónde hemos faltado en poner amor? ¿De qué parte de nuestro ser pedimos pueda brotar el amor?

Confesión   Dios de amor,
confesamos que no hemos amado
en pensamiento, palabra, y obra.
No te hemos amado, ni hemos amado a nuestro
   prójimo, ni a nosotros mismos.
Te pedimos perdón.
Recuérdanos que tú nos amas sin condición
y ayúdanos a descansar en tu amor. [133]

Declaración del Perdón
Dios de amor, ten misericordia de nosotros, perdónanos por olvidar tu amor, y renueva nuestra capacidad para dar y recibir el amor en todo lo que hacemos. **Amén.** [134]

Oraciones   Dios de gracia, siempre que erramos
llena nuestros corazones de tu amor.
Cuando herimos o somos heridos.
llena nuestros corazones de tu amor.
Cuando estamos tentados a juzgar,
llena nuestros corazones de tu amor.

El pueblo puede añadir sus propias peticiones y acciones de gracias.

Haznos instrumentos fieles de tu paz.
Y que llenemos el mundo con tu amor.

El Padre Nuestro

Oración   Señor, hazme un instrumento de tu paz. Donde haya odio, siembre yo amor. Donde haya injuria, perdón; donde haya duda, fe; donde haya desesperación, esperanza; donde haya obscuridad, luz; donde haya tristeza, alegría. Oh divino Maestro, concédeme que no busque ser consolado sino consolar; ser comprendido sino comprender; ser amado sino amar. Porque es dando que recibimos; es perdonanado que somos perdonados; y es muriendo que nacemos a la vida eterna. **Amén.** [135]

Salida   Santo Dios, levánta nuestras cargas
pues tu yugo es ligero.

Confianza

Completas (Tradicionalmente se observa justo antes de la hora de acostarse)

Resumimos el día con oraciones antes de acostarnos para examinar nuestra consciencia y ofrecer nuestras acciones frente a Dios.

Entrada	Como una madre da consuelo a su criatura, **así Dios nos consuela.**
Oración	O Dios, al ponerse el sol, ponemos en ti nuestra confianza y nuestra fe. Al acercarse la noche, te damos gracias por tu presencia con nosotros. Ayúdanos a encomendar a ti nuestras vidas con la sencillez y confianza de un ser que ama y se sabe amado; por Cristo Jesús, nuestro fiel Salvador. **Amén.**
Alabanza	Entre tus Manos [136] *(De desearse, la música se encuentra en Flor y Canto, 2a. edicición, # 675)*

Estribillo:
Entre tus manos está mi vida Señor
Entre tus manos pongo mi existir
Hay que morir para vivir,
Entre tus manos yo confío mi ser.

1. Si el grano de trigo no muere
Si no muere solo quedará
Pero si muere en abundancia dará
Un fruto eterno que no morirá.   *Estribillo.*

2. Es mi anhelo, mi anhelo creciente
en el surco, contigo morir;
y fecunda será la simiente, Señor,
revestida de eterno vivir.   *Estribillo.*

3. Y si vivimos, para él vivimos;
y si morimos, para él morimos.
Sea que vivamos o que muramos,
somos del Señor, somos del Señor.

4. Cuando diera por fruto una espiga,
A los rayos de ardiente calor
Tu reinado tendrá nueva vida de amor
En una Hostia de eterno esplendor.   *Estribillo.*

Lectura Mi amado me dijo: "Levántate, amor mío; anda, cariño, vamos. ¡Mira! El invierno ha pasado y con él se han ido las lluvias. Ya han brotado flores en el campo, ya ha llegado el tiempo de cantar, ya se escucha en nuestra tierra el arrullo de las tórtolas. Ya tiene higos la higuera, y los viñedos esparcen su aroma. Levántate, amor mío; anda, cariño, vamos".

Cantar de los Cantares 2:10-13 (*Dios Habla Hoy*)

Meditación "La medida del amor es amar sin medida".

San Francisco de Sales

"Qué "medida" podemos soltar para que podamos recibir el amor de Dios en esta hora?

Oraciones Los cuidados de nuestros corazones
Los encomendamos a ti, oh Dios.
Las necesidades de tu Iglesia.
Las encomendamos a ti, oh Dios.
Las llagas del mundo
Las encomendamos a ti, oh Dios.
Nuestras esperanzas
Las encomendamos a ti, oh Dios.
Nuestro anhelo por la paz
Lo encomendamos a ti, oh Dios.

El pueblo puede añadir sus propias peticiones y acciones de gracias.

Con todas nuestras vidas y nuestros anhelos santos
Te alabamos y nos encomendamos a tu amor
Oh, amante de las almas. Amén

El Padre Nuestro

Oración　Dios de gracia, acompáñanos durante lo largo del día, hasta que alarguen las sombras y se acerque la noche, y el mundo ocupado se calle, y la fiebre de la vida llegue a su fin, y nuestro trabajo se complete. Entonces, en tu misericordia, concédenos albergue seguro, y paz en el final. **Amén.** [137]

Cierre　Como una madre da consuelo a su criatura,
así Dios nos consuela.

Vigilia

Vigilia (Tradicionalmente se observa a medianoche)

Al igual que los monjes y religiosas que rezan las horas, podemos escuchar en la quietud de la noche para reconocer el llamado de Dios.

Entrada Dios de amor,
cuando descanso, te siento de cerca.

Lectura Yo habitaré siempre en tu morada; me refugiaré
bajo la sombra de tus alas.

Salmo 61:4 (*Libro de Oración Común*)

Meditación *Considera la promesa que el amor de Dios siempre está contigo.*
¿Cómo se siente poder descansar en este cuidar?

Oraciones Espíritu de consuelo y anhelo,
envuelve mis temores,
desviste mi orgullo,
desteje mis pensamientos,
descomplica mi corazón,
y dame a rendirme:
para que pueda nombrar mis heridas
dejar mis labores,
y recibir la obscuridad. **Amén** [138]

Cierre Dios de amor,
cuando descanso, te siento de cerca.

Apéndice

La Oración Dominical

Padre nuestro que estás en el cielo,
   santificado sea tu Nombre,
   venga tu reino,
   hágase tu voluntad,
     en la tierra como en el cielo.
Danos hoy nuestro pan de cada día.
Perdona nuestras ofensas,
   como también nosotros perdonamos
    a los que nos ofenden.
No nos dejes caer en tentación
   y líbranos del mal.
Porque tuyo es el reino,
   tuyo es el poder,
   y tuya es la gloria,
   ahora y por siempre. Amén.

En las ediciones más antiguas del Libro de Oración Común (publicadas en Inglaterra en el siglo dieciséis), la Oración Dominical terminaba con la frase "líbranos del mal." En el Libro de Oración Común de 1979 aparece de nuevo en esta manera en los servicios de la Oración del Mediodía y de Completas:

Padre nuestro que estás en el cielo,
   santificado sea tu Nombre,
   venga tu reino,
   hágase tu voluntad,
     en la tierra como en el cielo.
Danos hoy nuestro pan de cada día.
Perdona nuestras ofensas,
   como también nosotros perdonamos
     a los que nos ofenden.
No nos dejes caer en tentación
   y líbranos del mal.

Notas

Adviento

1. Las introducciones a los tiempos litúrgicos están tomadas y adaptadas del libro *Welcome to the Church Year: An Introduction to the Seasons of the Episcopal Church* por Vicki K. Black (Morehouse Publishing, 2004). Usado con permiso.
2. Sam Portaro, *Daysprings: Meditations for the Weekdays of Advent, Lent and Easter* (Boston: Cowley Publications, 2001), p. 6.
3. *Revised Common Lectionary Prayers*, proposed by the Consultation on Common Texts (Minneapolis: Fortress Press, 2002), p. 31.
4. Canticle R, A Song of True Motherhood, Julian of Norwich, Enriching Our Worship 1, p. 40.
5. Robert Ellsberg, ed., *All Saints: Daily Reflections on Saints, Prophets, and Witnesses for Our Time*, p. 148.
6. Janet Morley, "Collect for 6 before Christmas", All Desires Known (edición expandida.) (Morehouse Press, 1992), p. 4.
7. Revised Common Lectionary Prayers, p. 34.
8. Wendell Berry, tomado del "Manifesto: The Mad Farmer Liberation Front", en *Collected Poems: 1957-1982* (New York: North Point Press, 1985), p. 152.
9. *Revised Common Lectionary Prayers*, p. 34.
10. *Revised Common Lectionary Prayers*, p. 29.
11. Texto: Jaci Maraschin, (c) trad. al español: Jorge Rodriguez, Alt; Música: Marcílio de Oliveira Filho, El Himnario, #60
12. Janet Morley, "Christmas 2", All Desires Known, p. 6.
13. J Philip Newell, *The Book of Creation*, pp. 11, 13.
14. La estrofa final, "Make us holy", del Institute for Spirituality, CPSA, que se encuentra en *An African Prayer Book*, Desmond Tutu, ed. (New York: Doubleday, 1995), p. 80.
15. Janet Morley, "Advent 3", *All Desires Known*, p. 5.
16. Marilyn Chandler McEntyre, "What to do in the darkness", como se encuentra en Holly W. Whitcom, *Seven Spiritual Gifts of Waiting* (Minneapolis: Augsburg Books, 2005), p. 38.
17. *Revised Common Lectionary Prayers*, p. 33 (alt.).

Navidad

18 *Revised Common Lectionary Prayers*, p. 38.
19 Miriam Therese Winter, from "A Psalm for Midwives", como se encuentra en *Midwives of an Unnamed Future: Spirituality for Women in Times of Unprecedented Change*, eds. Mary Ruth Broz and Barbara Flynn (Skokie, Ill.: ACTA Publications, 2006), p. 19.
20 Malinia Devananda, "A Woman's Creed", como se encuentra en *Lifting Women's Voices: Prayers to Change the World*, Margaret Rose, Jenny Te Paa, Jeanne Person and Abigail Nelson, eds. (New York: Domestic and Foreign Missionary Society/ Morehouse Press, 2009), pp. 371-372 (alt.).
21 Adaptación de una oración por Geoff Lowson/USPG, como se encuentra en *From Shore to Shore: Liturgies, Litanies and Prayers from Around the World* (London: Society for Promoting Christian Knowledge, 2003), p. 55.
22 Janet Morley, "Collect for Christmas 1", All Desires Known, p. 6.
23 Adaptación de una oración por Geoff Lowson/USPG, como se encuentra en *From Shore to Shore: Liturgies, Litanies and Prayers from Around the World* (London: Society for Promoting Christian Knowledge, 2003), p. 55.
24 J. Philip Newell, *The Book of Creation* (Mahwah, N.J.: Paulist Press, 1999), p. 10.
25 Camino de perfección, capítulo 28, sección 8-9; *Teresa de Jesús: Obras Completas*, 3a. edición, Archivo Silveriano de Historia y Espiritualidad Carmelitas, Burgos, Editorial "Monte Carmelo" 1982
26 Basado en 1 Juan 3:18-4:21.
27 Citado en A *Keeper of the Word: Selected Writings of William Stringfellow*, Bill Wylie-Kellermann, ed. (Grand Rapids, Mich.: Eedrmans, 1994), p. 314.
28 Adaptación del Salmo 108.
29 Basado en Lucas 6:20-22.
30 Colecta para el Segundo Domingo luego del Día de Navidad, *Book of Common Prayer*, p. 214.
31 Colecta para el Primer Domingo luego del Día de Navidado (alt.), *Book of Common Prayer*, p. 213.
32 Dorothy Soelle, *On Earth as in Heaven* (Westminster John Knox Press, 1983), p. 641.
33 *Revised Common Lectionary Prayers*, p. 46.

Epifanía

34 Adaptado por Joan Chittister, *Life Ablaze: a Woman's Novena* (Franklin. Wis.: Sheed & Ward, 2000), p. 34.
35 "Brightest and best", palabras alternativas por Reginald Heber (1783-1826), arreglo musical en *The Hymnal 1982*, pp. 117 and 118.
36 Revised Common Lectionary Prayers, p. 56.
37 Terry Tempest Williams, "Refuge: An Unnatural History of Family and Place", como se encuentra en *The Sacred Earth: Writers on Nature and Spirit*, Jason Gardner, ed. (Novato, Ca.: New World Library, 1998), p. 42.

38 United Church of Canada (www.united-church.ca/beliefs/creed), 1994.
39 Lancelot Andrewes (adaptado).
40 Texto: Christopher Wordsworth; trad. Pablo D. Sosa, alt., (c) - El Himnario, #110
41 Como fue impreso en *Canticles of the Earth: Celebrating the Presence of God in Nature*, F. Lynn Bachleda, ed. (Chicago: Loyola Press, 2004), p. 3.
42 Revised Common Lectionary Prayers, p. 56.
43 Order of Saint Helena, Saint Helena Breviary (New York: Church Publishing, 2006), p. 10.
44 Thomas Merton, "at the corner of Fourth and Walnut", una entrada en el diario de Merton sobre su experiencia mística en Louisville, Ky., citado en *All Saints: Daily Reflections on Saints, Prophets, and Witnesses for Our Time*, Robert Ellsberg, ed., p. 539.
45 *Revised Common Lectionary Prayers*, p. 66.
46 Adaptado por Richard Meux Benson, Benedictus Dominus (London: JT Hayes, 1870), p. 48.
47 Revised Common Lectionary Prayers, p. 61.
48 Libro de Oración Común, Vespertina, pag. 85
49 Denise Levertov, The Stream & the Sapphire: Selected Poems on Religious Themes (New York: New Directions, 1997), p. 11.
50 Colecta para Completas, *Libro de Oración Común*, pag. 99
51 Antífona para Completas, *Book of Common Prayer*, p. 134.

Cuaresma

52 Teófilo de Antioquía, *Tres Libros a Autolychus*, I, 7, citado por Olivier Clement, *The Roots of Christian Mysticism*, trad. T. Berkeley (London: New City Press, 1993), 73.
53 Tomado de "Nicaragua", como se encuentra en F*rom Shore to Shore: Liturgies, Litanies and Prayers from Around the World*, Kate Wyles, ed. (London: SPCK, 2003), p. 92.
54 Erasmo de Rotterdam, 1466-1536.
55 Texto y música afroamericano; trad. Oscar L. Rodríguez, El Himnario #358
56 Oscar Romero, de *Through the Year with Oscar Romero* (Cincinnati, Ohio: St. Anthony Messenger Press, 2005), p. 56.
57 Oración para la Dirección Divina, *Book of Common Prayer*, p. 100.
58 *Music for Liturgy*, 1999 (San Francisco: St. Gregory of Nyssa Episcopal Church), p. 20.
59 De la Vida de San Antonio, como se encuentra en *Following Christ: A Lenten Reader to Stretch Your Soul*, by Carmen Acevedo Butcher (Brewster, Mass.: Paraclete Press, 2010), p. 93.
60 Adaptación de Janet Morley All Desires Known (Morehouse Publishing, 1994), p. 73.
61 Sara Miles, basado en *Wisdom of Solomon* 7, 2007.

62 *Revised Common Lectionary Prayers*, p. 88.
63 John Chrystostom, "Homilía 50 sobre Mateo."
64 George Herbert, Love (III).
65 Teresa of Avila, Interior Castle, trad. por los benedictinos de Stanbrook (1921), revisado y editado por el P. Benedict Zimmerman (1930), reimpresión (2003) por Kessinger Publications, p. 109.
66 Adaptado de *A Litany For The World We Live In*, citado por *Bread of Tomorrow: Prayers for the Church Year*, Janet Morley, ed. (Maryknoll, NY: Orbis Books, 1992), p. 63.
67 Cántico Q, *Enriching Our Worship 1*, p. 39.
68 *Revised Common Lectionary Prayers*, p. 82.
69 Texto: George Matheson; trad. Vicente Mendoza; El Himnario #348
70 Adaptado de una Oración de San Efrén, c. 373.
71 Segunda Oración para la Presencia de Cristo, *Book of Common Prayer*, p. 124.

Semana Santa

72 *Revised Common Lectionary Prayers*, p. 96.
73 Libro de Liturgia y Cántico, (c) 1998, Augsburg Fortress, desarrollado y recomendado para uso en la Iglesia Evangélica Luterana de América, p. 478
74 Revised Common Lectionary Prayers, p. 97.
75 Janet Morley, "Collect for Passion Sunday", All Desires Known, edición aumentada. (Morehouse Publishing, 1992), p. 12.
76 Colecta tomada de las Oraciones para el Mediodía, *Book of Common Prayer*, p. 107.
77 *Revised Common Lectionary Prayers*, p. 99.
78 Daniel Landinsky, trad., *Love Poems from God: Twelve Sacred Voices from the East and West* (New York: Penguin Compass, 2002), p. 238.
79 *Revised Common Lectionary Prayers*, p. 98.
80 Como se encuentra en *Bread and Wine: Readings for Lent and Easter* (Farmington, Penn.: The Plough Publishing House, 2003), p. 189.
81 Janet Morley, "Collect for Good Friday", All Desires Known, p. 13.
82 *Revised Common Lectionary Prayers*, p. 95.
83 *Revised Common Lectionary Prayers*, p. 102.

Pascua

84 De una fuente nativa americana, citada en *From Shore to Shore*, p. 97.
85 Citada en *All Saints: Daily Reflections on Saints, Prophets, and Witnesses for Our Time*, Robert Ellsberg, ed., p. 180.
86 *Revised Common Lectionary Prayers*, p. 112.
87 *Revised Common Lectionary Prayers*, p. 117.
88 *Enriching Our Worship 1*, p. 23.
89 Citada en *All Saints: Daily Reflections on Saints, Prophets, and Witnesses for Our Time*, Robert Ellsberg, ed., p. 203.
90 Una Colecta para la Presencia de Cristo, *Book of Common Prayer*, p. 124.
91 Citado en *All Saints: Daily Reflections on Saints, Prophets, and Witnesses for Our Time*, Robert Ellsberg, ed., p. 235.
92 San Agustín, como se encuentra en *An African Prayer Book*, Desmond Tutu, ed., p. 33.
93 Thomas Ken, del *The Hymnal 1982*, p. 43.
94 Oración Navajo (anon.), como se encuentra en *Canticles of the Earth: Celebrating the Presence of God in Nature*, F. Lenny Bachleda, ed. (Chicago: Loyola Press, 2004), p. 83.
95 *Revised Common Lectionary Prayers*, p. 135.

Tiempo Ordinario: Creación

96 Janet Morley, tomado de *All Desires Known*, p. 37.
97 Thich Nhat Hahn, en *Love in Action: Writings on Nonviolent Social Change*, as found in *Canticles of the Earth: Celebrating the Presence of God in Nature*, F. Lynn Bachleda, ed. (Chicago: Loyola Press, 2004), p. 4.
98 Tomado de *Shore to Shore*, p. 68.
99 *Revised Common Lectionary Prayers*, p. 170.
100 Adaptado de J. Frank Henderson, *A Prayer Book for Remembering the Women* (Chicago: Liturgy Training Publications, 2001), p. 119.
101 Rabbi Rami Shapiro, trad. *The Divine Feminine in Biblical Wisdom Literature: Selections and Annotated & Explained* (Woodstock, Vermont: Skylight Paths Publishing, 2005), p. 169.
102 Adaptado de "You have prepared in peace the path", como se encuentra en *An African Prayer Book* (New York: Doubleday, 1995), Desmond Tutu, ed., p. 119.
103 *Revised Common Lectionary Prayers*, p. 148.
104 *Revised Common Lectionary Prayers*, p. 148.
105 Wendell Berry, en "Another Turn of the Crank", como se encuentra en *The Sacred Earth: Writers on Nature and Spirit*, Jason Gardner, ed. (Novato, Ca.: New World Library, 1998), p. 115.
106 Adaptado de una oración escrita por Clare Amos/Methodist Church in the UK, como se encuentra en *From Shore to Shore: Liturgies, Litanies and Prayers from Around the World* (London: SPCK, 2003), p. 83.

107 *Revised Common Lectionary Prayers*, p. 85.
108 Como se encuentra en *From Shore to Shore*, p. 79.
109 Como se encuentra en *Canticles of the Earth: Celebrating the Presence of God in Nature*, F. Lynn Bachleda, ed. (Chicago: Loyola Press, 2004), p. 19.
110 Henri Nouwen, *Life of the Beloved: Spiritual Living in a Secular World* (New York: Crossroad Publishing, 1992), p. 30.
111 Adaptado de *From Shore to Shore: Liturgies, Litanies and Prayers from Around the World* (London: SPCK, 2003), p. 98.
112 *Revised Common Lectionary Prayers*, p. 148.
113 Esta versión ha sido ligeramente alterada de *Canticles of the Earth: Celebrating the Presence of God in Nature*, F. Lynn Bachleda, ed. (Chicago: Loyola Press, 2004), p. 13.
114 Thomas Berry, como se encuentra en *The Sacred Earth: Writers on Nature and Spirit*, Jason Gardner, ed. (Novato, Ca.: New World Library, 1998), p. 121.
115 Adaptado de la confesión "For the Healing of Creation: An order of service to celebrate creation", como se encuentra en *From Shore to Shore: Liturgies, Litanies and Prayers from Around the World* (London: SPCK, 2003), pp. 39-40.
116 Basado en el Salmo103:10-12.
117 Oración nativa americana, como se encuentra en *From Shore to Shore: Liturgies, Litanies and Prayers from Around the World* (London: SPCK, 2003), p. 97.
118 Janet Morley, *All Desires Known*, p. 25.
119 Adaptado de una oración de la iglesia en Uruguay, como se encuentra en *From Shore to Shore*, p. 91.
120 *Revised Common Lectionary Prayers*, p. 204.
121 Patricia B. Clark, *Women's Uncommon Prayers; Our Lives Revealed, Nurtured, Celebrated* (Morehouse Publishing, 2000), p. 222.

Tiempo Ordinario: Descanso

122 Reinhold Neibuhr ha sido reconocido como el autor de la primera forma de esta oración, la cual fue expandida por William Griffith Wilson, fundador de los Alcohólicos Anónimos; esta oración es conocida como la "oración de la serenidad", es usada ampliamente por AA y otros grupos que se basan en el programa de los doce pasos (esta versión ha sido adaptado con lenguaje inclusivo).
123 De la Iglesia Metodista en Guatemala, como se encuentra en *From Shore to Shore*, p. 57.
124 *The Tasks Within the Tasks: A Spirituality of Work and Non-Work*, Richard Rohr, http://www.cacradicalgrace.org/resources/rg/2007/01_Oct-Dec/task.php
125 Preparado por niños y niñas para la Asamblea de 1991 del Consejo Mundial de Iglesias celebrada en Canberra, como se encuentra en *From Shore to Shore*, p. 67.
126 Adaptado de un pronunciamiento por Samuel M. Tickle, como se encuentra en *Race and Prayer*, Malcolm Boyd, ed. (Harrisburg: MorehousearH, 2003), p. 122.
127 Elizabeth Drescher, "Morning Song", como se encuentra en *Women's Uncommon Prayers* (Harrisburg, Morehouse, 2000), p. 26.

128 Colecta del Propio 20, *Book of Common Prayer* (alt.), p. 234.
129 Adaptado de Sallie Cheavens Verette, "Silent Prayer", en *Women's Uncommon Prayers*, p. 224.
130 Margery Williams, The Velveteen Rabbit (New York: Doubleday, 1922, 1991), pp. 28-29.
131 "O love of God, how strong and true" (primera frase de esta oración),texto del himno por Horatius Bonar (1808-1889), como se encuentra en *The Hymnal 1982*, pp. 455-456.
132 Cántico S, Enriching Our Worship 1, p. 40.
133 Adaptado del *Book of Common Prayer*, p. 116.
134 Adaptado del *Book of Common Prayer*, p. 117.
135 Oración de San Francisco de Asís.
136 Letra: Estribillo, Ray Repp, estrofas: anónimo. Letra del estribillo y de las estrofas 1,2,4 ©1996, K&R Music.
137 Colecta para la Tarde, *Book of Common Prayer*, p. 833.
138 Janet Morley, *All Desires Known* (Harrisburg: Morehouse, 1992), p. 85.

www.ingramcontent.com/pod-product-compliance
Lightning Source LLC
Chambersburg PA
CBHW030240170426
43202CB00007B/71